主　编　王思斌　曾华源
执行主编　沈　黎

简春安
邹平仪
著

社会工作研究方法（上）

华人社会工作丛书
（第一期）

華東理工大學出版社
EAST CHINA UNIVERSITY OF SCIENCE AND TECHNOLOGY PRESS
·上海·

图书在版编目(CIP)数据

社会工作研究方法(上)/简春安,邹平仪著.—上海:华东理工大学出版社,2018.6(2023.2重印)
(华人社会工作丛书.第一期)
ISBN 978-7-5628-5326-8

Ⅰ.①社… Ⅱ.①简… ②邹… Ⅲ.①社会工作-研究方法 Ⅳ.①C916-3

中国版本图书馆CIP数据核字(2017)第319949号

内容提要

本书内容分为研究计划、研究方法、资料分析三部分。本书对理念或概念的解析都很明确独到,且于每个概念后加上了生活化的实例介绍,使理论与实务合二为一。本书体系完整,叙述深入浅出、说理清晰、例证贴切,易读、易懂、易学。本书不仅可以作为社会工作及其相关科系的教材,且对参加各种考试及有兴趣研究者也很适用。

策划编辑 / 刘 军
责任编辑 / 刘 军 孟媛利
装帧设计 / 徐 蓉
出版发行 / 华东理工大学出版社有限公司
地址:上海市梅陇路130号,200237
电话:021-64250306
网址:www.ecustpress.cn
邮箱:zongbianban@ecustpress.cn
印 刷 / 杭州日报报业集团盛元印务有限公司
开 本 / 710 mm×1 000 mm 1/16
印 张 / 12.75
字 数 / 197千字
版 次 / 2018年6月第1版
印 次 / 2023年2月第4次
定 价 / 72.00元

丛书总序

北京大学社会学系　王思斌

随着我国社会转型和现代化进程的加快，民生问题、社会治理问题更加突出地摆在政府和社会面前。社会工作作为帮助弱势群体解决其基本生活困难、走出困境，进而促进社会公平正义和社会进步的专业学科，其快速和稳步发展显得十分重要。《中共中央关于构建社会主义和谐社会若干重大问题的决定》作出“建设宏大的社会工作人才队伍”的战略部署，中央十九部委也制定了《社会工作专业人才队伍建设中长期规划(2011—2020年)》。此外，在政府、学术界和实务界的共同努力下，我国的社会工作事业得到了较快发展。但是，与解决上述问题的迫切性和社会工作学科发展的要求相比，我国大陆的社会工作发展还存在很多不尽如人意之处，其中一个重要原因就是社会工作专业化与本土化的结合还不到位。

社会工作产生于西方发达国家，其基本理念、工作方法带有浓厚的西方文化色彩，带有它产生于其中的社会结构的印记。在改革开放和走向现代化的进程中，我国要发展社会工作事业，需要借鉴西方社会工作的优秀成果，走专业化之路。但是，我们必须同时清醒地认识到，在此过程中照搬西方社会工作的既有成果有时并不恰当，因为我国的经济体制、政治体制、文化体制、社会体制与西方有很大差异。在这种情况下，社会工作本土化就显得尤为重要。关于社会工作本土化，学界有许多不同的理解。但是如果说来自西方的社会工作要适应我国的基本国情和解决问题的具体环境，则是没有那么多争论的。来自西方的社会工作理论、工作方法必须在中国能落地，能与需要解决的现实问题相契合，这是问题的关键。正是在这种意义上，笔者曾经讨论过社会工作本土化问题，也提出了社会工作本土化的几种路径：第一，研究西方社会工作与中国国情的不相容之处,删去不适宜的部分,再应用于中国实践,并接受实践检验;第二,对从事实际社会工作的人员进行专业培训,促进国际社会工作经验与本土社会工作的比较和碰撞;第三,分析两种社会工作之异同,找出它们的相似之处,强化它们之间的亲和性;第四,在此基础上从事社会工作实践,扩大两者之间的相容性,以实现优势互补。在上述可能的实践中,笔者还提出过一种看法:本土社会工作学者在其中能发挥重要作用。因为,一方面,他们熟悉产生于西方的社会工作理论和方法;另一方面,他们长期生活于非西方社会之中,对何种社会工作理论、知识和方法有助于本地问题的解决有比较清楚的认识,从而进行选择性“过滤”。

回到当下我国社会工作的现实处境。虽然大陆的社会工作学科重建已有30年,但是在学术研究、经验总结、理论反思方面还相对滞后。相比之下,我国港台地区的社会工作专业发展较早,实践比较充分。在来自西方的理论与本地实践的磨合互动中,一些学者形成了自己的理论观点、经验模式、知识积累,这对同具华人社会文化的大陆地区来说具有重要的参考价值,也是华东理工大学出版社出版这套“华人社会工作丛书”的重要初衷。本丛书选择工作生活于世界各地(主要是欧美和我国港台地区)的资深华人社会工作学者的有分量的著述加以印行,在某些方面和一定程度上能缩短大陆地区社会工作本土化的进程,也有利于向读者提供一个参照——这些优秀的学者是怎样在专业化与本土化之间进行思考的。当然,这些学者工作、研究和进行专业实践的背景与大陆地区也不相同,政治制度、社会体制、社会福利体系和社会工作制度方面的差异也比较明显,因此对他们的理论、观点我们也不能照抄照搬。如果大陆读者能在这些华人学者的理论、经验与自己面对的现实之间进行比较、思考和反思,有了新见解,那就真正从深层次上达到出版本丛书的目的了。说不定这会对华人社会工作乃至世界社会工作的发展有所贡献。但愿如此。

序

用浅白的文字写一般人轻易就可以看懂的研究法教科书，是我多年来的心愿，1998 年出版的时候如此，2004 年修订时如此，2013 年退休离开教职和 2016 年进行最后一次修订，亦复如是，算是对社会工作学术界的告别。

把研究法的书写得简单易懂，虽然得到很多读者的欢迎，但写作过程也因此艰辛。因为把理论与抽象的概念写成白话，甚至用生活上的例子来说明时，马上就失去了文字表达的安全空间；而研究法里一些至今仍模棱两可的定义、见仁见智的说法，就算能说得浅白，也难表达得淋漓尽致。用这个方式来写书需要不小的勇气。所幸，这个勇气仍然存在，年轻刚教书时如此，现在退休了，仍然如此。

谢谢邹平仪博士对本书第十三章的贡献，把社会工作实务同仁平日所惧怕的统计简要地做了介绍。也谢谢高雄医学大学的陈政智教授，在文献综述中对如何在网络上收集资料做了很实用的说明，但愿对社工伙伴们在准备考试或自己做研究时有实质性的帮助。更重要地，他对本书教学 PPT 的制作耗费了不少心力，若因此让更多学校教师更愿意采用本书，这将是陈政智老师的贡献。

1998 年本书初版时，有助理方婷像天使般的协助。2013 年退休了，我没有助理，试着孤军奋斗，因此所造成的瑕疵或编排上的错误，在所难免，敬请读者们谅解。谢谢东海研究所的学生在上课时给我的意见，谢谢东海社工系同仁在书目格式单元中的建议，使本书增色不少。

再一次把本书献给在实务界不断付出的社工朋友们,若能因此对各位的进修、升学或社工师考试有所助益,那将是我最大的喜乐。也期待社工学生们,把研究法读好,研究时不离实务,实务工作时不忘研究,让社工更进步,让一代胜过一代。

简春安

目　　录

第一章　社会工作与研究法

第二章　理论、概念与变量

第三章　问题叙述与假设

第四章　文献综述

第五章　社会工作与质性研究

第六章　实地研究、观察研究

第七章 调 查 研 究

第一章 社会工作与研究法

第一节 前言
第二节 科学与研究
第三节 社会工作与研究
第四节 社会工作研究的伦理考量
第五节 研究的时间架构
第六节 研究计划

摘 要

社会工作者必须做研究，因为研究是一种求知的过程，通过研究可以让我们达到叙述、解释、预测、干预、处置、比较与评估等目标，使社会工作者能更有效地做好实务。社会工作的研究法与其他学科的研究法不同，社会工作研究法强调与社工实务的关联，取自于实务，用之于实务。所以在研究领域里，社会工作者最少扮演着研究的使用者、知识的创造者与传播者、对各学科的知识分享者三种角色。

社会工作强调专业化，但往往受社会工作机构责信、评估、研究市场、敌对环境、财力资源、伦理议题等因素的影响，而影响研究的进行与发展，因此读者不可不慎。此外，有关研究时间的架构、研究的分析单位都要注意，千万不要落入区位谬误与简化论两大陷阱，以免影响研究结果的准确性。

第一节　前　　言

“知识就是力量”，每个人应当竭力充实知识。但知识若不准确，那么即使知识再多，也只是徒然使人愈不明理而已。所以，追求知识固然重要，获取正确的知识则更为重要。学习研究法的目的就是要使人以较正确的态度与方法来获取知识。

社会工作者为什么要做研究？因为社会工作不仅是助人的专业，也是科学方法在实务上的应用；社会工作者是真理（正确知识）的追寻者，也是真理的实践者。社会工作者要有助人的热诚、专业的训练，还要有科学的熏陶，好让社会工作专业可以成长、突破。然而，社会工作者应该先了解，在专业实务中，我们容易在哪里犯错。

为什么我们会犯错？求知的过程之所以会犯错有以下几个原因（Babbie，1992）。

（一）不正确的观察（inaccurate observation）

在观察时，人往往不是像自己想象中那么聪明，有时可能是漫不经心，忽略了观察时应注意的重点；可能是感官系统有限，无法看到或听到想要观察的；也可能是因为不同的观察角度，使人容易以偏概全……这些因素都会造成不正确的观察。

（二）太过于大而化之（over generalization）

对于事物尚未彻底了解时，我们的报告一定会大而化之，以减少破绽。大而化之是保护自己无知的最好方法。大而化之的另一种现象是过度泛化我们的观察与了解，或有意夸大我们的了解与发现，这也是一种自大的行为，一样是犯错。

（三）选择性的观察（selective observation）

人有选择看自己想要看、而故意忽略不想看的事物的本能，就如正在热恋中的人，所看到尽是对方的优点，而对爱人的缺点却视而不见、充耳不闻（在认知上，也故意选择自己比较喜欢的结论），他们彼此之间的观察当然无法准确。

（四）捏造信息（made-up information）

为了使自己的说辞减少破绽，以便使论点能自圆其说，人们常会捏造信息，这也是人的脆弱本质之一。例如一直说黑人很可怕,而当有一天黑人救你一命时,你如何自圆其说?说不定你会说那个黑人是特别的族群,是受过较高程度教育的……反正就是要使你的说辞能够继续延续。

(五)不合逻辑的推理(illogical reasoning)

情感遇到挫折就说天下男人没有一个是好东西,这是错误的逻辑推论。其他情形,如所观察的事务过度牵涉私人的利益或情绪(ego involvement in understanding);还没看清事实就骤然下定论,甚至还拒绝新的资料或事实(the premature closure of inquiry);用神秘(mystification)的方式来解释种种我们所不知道的事情;无法客观理性地去面对各种复杂及不可知的未来……上述这些都会使我们在求知的过程中犯错,而用自己想要的结论来自圆其说。人本来就容易犯错(to err is human),我们不必太自责,但体验到做好一件事情常常并不是像我们想象中那么简单的话,这便是很好的求知态度。社会工作者以助人为专业,以正确的探讨真理的过程来求知,以科学的研究态度来判断,加上系统化的专业训练,才不致产生大错。

第二节　科学与研究

社会工作是一种专业,就如 Ernest Greenwood 所指出的,因为社会工作有一套系统的理论体系、它有专业的权威、它被社区认可、它有共同信守的工作道德守则、它也有一套专业文化……所以社会工作是种专业(白秀雄,1992)。社会工作专业若要使其本身更"科学化",它的专业本质、理论内容、它探索真理的态度、步骤与方法,都必须符合科学的特质,否则其科学性就不高,未来的专业竞争力也就不大。

一、科学的特质

(一)科学的内容是"可验证的"

一种专业要成为科学,先要看它的资料本身是不是"确实"。若资料的来源不确实,任凭分析的方法再精密,结果也一定会出现偏差。然而,确实与否不能光靠一个人主观的认定即可,严格地说,科学必须让大多数人承认它不是一己之见，而是众人客观的认定。科学的东西最好让人看得见，让人可以理解它的作用与能力。科学的东西说得出它的出处来源，它的发展过程，以及未来发展的方向。科学的内容绝对不是空穴来风，科学的过程也不能来无影、去无踪，它不仅应该“有根有据”，最重要地，它必须经得起考证与实验。换言之，科学的东西，可以让别人按照既定的方法、步骤，“依样画葫芦”地实验，应该得到同样的结果。所以当资料本身是确实的、客观的、看得见的、有根据的，而且可实证时，这种资料也才算是“可验证的”。

（二）科学的知识是“暂时的”

科学的内容不是“偏方”，科学的过程也不是“秘籍”，科学的结果更不是“教条”，科学知识的事实只是“在某种情况下才成立的暂时、零碎的部分真理”。很多人会对这么“谦虚”的科学失望，其实，科学的可爱就在这里。科学基本上是一种研究的“态度”，“科学”知道自己的分寸，清楚自己的极限，它不吹嘘，它容许被挑战、被指正，它坚持本身所能坚持的，却更知道在什么状况下可以放弃应该被放弃的，换句话说，科学知道本身的“暂时性”。所以，科学并不是“信仰”，科学不能唯我独尊，科学随时接受考验，科学随时预备被更换，因此科学的内容才能愈来愈纯净、愈精练，科学经得起空间、时间的考验，科学是一种“有多少证据才能说多少话”的谦虚态度。

（三）科学的过程是“公开的”

科学是获得知识的公开方法：它的研究过程公开、研究成果公开，连被评估或评估他人的方法与步骤也是公开的。科学不应有“见不得人”的隐藏空间，科学当然希望可以求“美”，但它的先决条件是求“真”，在是否真实的挑战中，它公开一切过程与结果，包括它的缺点及不足。公开不仅是指过程与结果的显露，更是与世人“共享”的态度。科学家应该有造福社会的胸怀，因为他已比别人多了解事实的真相；科学家应有先天下之忧而忧的心，公开科学的不足及可能造成的危害；他也应有后天下之乐而乐的心态，把科学对人类与社会所可能带来的福祉不加保留地奉献给社会。

二、科学的基本假定

了解科学是什么更可以从它的基本假定来着手。一般而言，科学的基本假定如下（Frankfor-Nachmias & Nachmias，2001）。

(一) 自然是井然有序的(nature is orderly)

科学的任务就是对看似复杂、奥秘的现象或物体,分析其成分,研究其来龙去脉,并把其组织、动向等理出一个头绪。换句话说,自然界既是井然有序的,科学在探讨种种现象的奥秘后,所整理出来的论点当然也是井然有序的。

(二) 我们可以了解自然(we can know nature)

既然自然界是井然有序的,当然就可以被了解。我们甚至可以说:凡是有规律的事务或事物应该都可以被了解。人类在追求智慧的过程中,事实上就是试图去探讨种种有规律的事物。

(三) 所有的自然现象都是有其自然因素的(all natural phenomena have natural causes)

凡事必有因,有其因,必有果。东西不会莫名其妙地就摆在那边,也不会不明就里地乱成一团。每件事物都有其自然因素,而科学就是指出事物的因由,这也是探讨真理的过程。

(四) 无不言可喻之事(nothing is self-evident)

科学的本质有因有果,而且有其条理。科学的任务就是说清楚事物的来龙去脉。科学呈现在逻辑上应该条分缕析,秩序井然,一环扣着一环。任何我们自以为了解的事物,却又说不出所以然时,就是我们仍未了解的。科学求真的过程就是说出事情的所以然。

(五) 知识萃取自经验(knowledge is derived from the acquisition of experience)

科学必须有所依据,科学的知识应立基于经验上可观察的假定,但是科学反对只单凭个体的天赋或只依据个体的纯推理就产生知识。我们都知道,感官的经验很重要,但是很多事物无法直接被经历或观察,也因此经验的累积必然有深浅、优劣或层次上的差异,这些差异与个体在经验后学习方式的差异有关。情感上受过挫折的人,对男女之爱的认知,一定与总是走得很顺遂的人有很大的不同,因为他们的经验不同。(按:从哲学的角度来看,经验与知识之间的关系,质性研究者与量化研究者或有不同的看法。)

(六) 知识胜于无知(knowledge is superior to ignorance)

科学的任务固然在探讨真理,但并不意味着所有的真理都可依科学的方法被探讨。科学也假定所有的知识都是暂时的,而且是持续在变化的,科学虽非万能,但科学的求知态度总比无知好,这是谦虚与务实的态度。处于无知时,我们不能安之若素，更不能沾沾自喜，甚或引以为荣。

三、科学的目标

具体而言，科学的目标主要是去解释现象、预测未来以及理解真相，分述如下(Frankfort-Nachmias & Nachmias, 2001)。

(一) 解释现象

解释现象当然不能众说纷纭、人云亦云，最好有“科学的解释”。而科学的解释有两种类别。一是演绎性解释(deductive explanation)，先根据一个普遍的法则，把这个法则的条件做一陈述，用陈述去解释某个事件，再讲出这个事件与法则之间的逻辑关系，这就是演绎的解释。例如 S－R 是行为主义的重要法则，有刺激必有反应。我们用刺激与反应的关系去解释某个工厂两个部门斗殴现象，发现是因为管理者为了提高生产效率，采用了零和(zem-sum)方式的比赛，赢的得大奖，输的倒大霉，致使两个部门形同水火。这个用刺激反应法则来解释部门间的斗殴现象的过程，就是一种演绎性解释。

另一个解释的方法是或然性解释(probabilistic explanation)，或称归纳性解释(inductive explanation)。例如，某地发生街头暴动，解释其原因可能是因为近两年来经济不景气，连中上阶层都受到影响；再加上当地的某工厂恶性倒闭，使许多劳工辛勤付出却分文未得；不幸又碰上法院正查封某个欠税者的房屋……当我们把这些可能的原因都列出来，说明一切问题都是因为经济不景气时，这是归纳性解释。归纳性解释最常被社会科学的专家采用，用以解释种种社会现象，或然性或归纳性解释的缺点是常常缺少确定的结论，经常只是在事后推测哪种可能而已。

(二) 预测(prediction)

科学的另一个目标是做出正确的预测。所谓预测是预知未来，而不是老在事情发生以后才去做“先知”。科学的预测绝对不是信口开河，随便讲些连自己都不懂的话唬唬人。预测必须依据科学的法则。例如，有人说“麻雀吃稻米是坏鸟，把它们全部抓光不就得了”，生物科学家一定立即预测说，抓光了麻雀会破坏大自然的生物链，少了麻雀一定会多了昆虫，一样是危害农作物，所以抓光麻雀万万不可行……这就是根据科学所做的预测。同样的，社会工作者根据理论亦可以提出预测。例如：幼儿教育从四岁降低为三岁时，根据弗洛伊德的理论,四岁前是幼童在家里接受父母角色认同以及潜意识发展很重要的阶段,早一年进幼儿园等于少了一年在家与父母相处的时间,孩子成长后的适应性会受影响……这也是预测。

(三) 理解(understanding)

科学对过去所发生的事提出解释;对未来可能发生的事提出预测;对现在的事物则应有理解的能力。理解有诠释主义式的理解,也有经验主义式的理解。德国社会学家韦伯认为要了解任何个体或团体,一定要将自己投入于主题的情境中,社会学家必须对研究对象的实际观点、所采用的符号及其价值与态度等,事先就进行理解。这种方式就是诠释主义式的理解,亦可称为同理心的理解(verstehen 德语)。经验主义式的理解则认为我们可以运用与自然科学相同的方法来研究社会科学,通过观察与验证,或借由经验,来确定我们对事物是否有真正的理解,这种理解就是经验主义式的理解。

四、知识的取得

研究既然是求知的过程,那知识取得的过程对研究者来说也不可不察。

知识的取得最好经由科学的验证而来。有科学的准则为基础,经由科学的验证,这种知识当然较为可靠,问题是,我们的知识的来源不可能都是这么"清纯"。

第一种知识源自理性。

第二种知识则源自科学的实验或验证。理性知识与科学验证而来的知识不同。理性主义认为人的心灵可以了解世界,了解的对象不仅限于可观察的世界,连看不见的事物亦可凭理性的认知而获得。知识形式的存在与我们个人的经验无关,只要理论上是真实的,只要在逻辑上是成立的,它就是知识。理性主义的极端形式是抽象的和纯数学的,其命题只要合乎逻辑的形式,即可认定这个知识就是真的,此即所谓的套套逻辑(tautological knowledge),因此看起来难免像是"文法上的同义反复"。

第三种是权威或神秘的知识。有很多知识事实上来自权威,它们对人的影响有时比科学知识还要大。宗教的经典就是来自权威。有的知识来源颇为神秘,如占卦,或来自某宣称是先知大师的"开示"。

第四种是一般的常识或媒体报道。就如电视顺口溜"没有知识也应该有常识，没有常识也应该看电视”，很可惜确实是很多人知识来源的写照。

个人经验是第五种来源，经验很容易内化于当事者。但是个人经验很容易发生四种错误：(1) 容易过度通则化(overgeneralization)，常会把经验得来的知识推论到远超过证据有效的范围内；(2) 选择性的观察(selective observation)是每个人常犯的错误，人总想看自己以为重要的，而忽略所不懂或不想看的，知识的形成就造成偏差；(3) 个人的经验也会使人过早妄下断语(premature closure)，只凭一两次的经验或观察，就确定问题就是那样，难免失之主观；(4) 月晕效应(halo effect)也值得注意(月晕效应又称光环效应)。每个人常会以偏概全，若标明一个人是好的，他就会被一种积极肯定的光环笼罩，会被赋予一切都是好的。我们若对一个人有好印象，就会觉得他一切都是好的。

第六种知识来源是直觉。人都有其直觉，直觉也有其作用与功能，尤其在人文与艺术的领域中，直觉有其必要性。然而，直觉有时候好像很准，但是却不见得与事实相吻合。直觉更因人而异，直觉会使个人容易迷信，太多的直觉反而会使事实更混乱、更有偏误。社会工作者在与案主相处时，难免会有直觉的反应与运作，我们固然不必去排除(事实上也排除不了)，但是我们应该随时警惕，分辨出两者的差异。

五、科学的社会属性讨论

在理念上，科学的精神与原则固然是一丝不苟、明明白白、清清楚楚的，但在社会科学及行为科学的场合中，我们不可忽略它的复杂性，因为社会不是实验室，在实验室视之为理所当然的东西，有时在社会上却是格格不入。有几个议题(issues)值得我们去思考。

(一) 客观与主观之间

一谈到科学，我们马上与“客观”画上等号，而立即与“主观”划清界限，认为客观才是科学，科学就是客观。因为主观的经验会影响我们对新知识的接受，主观常使我们对某些事物认为理所当然。哪知，我们主观认为理所当然的事物，对另外一些人而言却是不可思议，丝毫无法接受。所以基本上，“科学”体系里，必须排除主观的因素。

然而，从人类的思维过程来分析，主观也有其功能。试想，当牛顿被掉下来的苹果打中时，他是不是“主观地”倾向于思考他平日就很有兴趣的地心引力？

发现新大陆的哥伦布在茫茫大海中是不是“主观地”认为“印度群岛”就在前方?显然,在这些伟大科学家的心灵里,一定有不少主观的论点,他们的脑海里,也藏着不少耸人听闻、几乎不可能被证明的假设。可见,所谓“客观”,事实上也与主观的信仰、动机、态度与价值有关,主观也是人类心灵的资产,没有人能完全去除,重点是我们应该如何处理这些“主观”。

处理主观的最好方法是承认自己不可能完全客观。人的思维情绪、喜怒哀乐等经常离不开主观的因素,所以当我们了解自己在本质上无法免除主观时,才是使自己较为客观的第一步。从同理心的角度来看,容许别人有其主观的权利,则是处理自己主观的有效方法。在沟通与互动中,在访谈或辅导中,在人际关系的处理与运作中,甚或是在问题的处理过程中,能省察自我的主观倾向,又能容许对方有主观权利的人一定是较为“客观”的人。所以说:经由主观的交互冲击才能得到客观的知识。在社会工作实务中,经常被强调的“同理心”,用新的角度来说,也就是“社会工作者了解案主的主观,接纳案主主观感觉时所说出来的话语”。

主观与客观之间的争执其实也牵动了量化研究与质性研究之间的差距。一般的共识是量化研究是在做客观的研究,从它如何确定研究变量开始,到变量的操作化,如何测量,如何分析,如何确定变量与变量之间的关系等,都是设法使整个研究客观化的步骤。质性研究却完全相反,它不仅认为每个个体的主观性根本不可能排除,更认为每个个体的主观性是探索该个体心灵世界的重要根据。所以质性研究便以研究个案主观的心灵世界为标志(连研究者本身的主观的看法或意见也是研究中的重要资产),这种研究态度我们不能因为它对主观的接纳就认定它不科学(质性研究详见第五章)。

(二)科学与社会之间的关联性

科学经常是实验室里不断的操作与努力的结晶,但是科学的关联性绝对不只限于实验室,科学与外界“社会”息息相关。试想原子弹岂是实验室(或科学城)里的集体产物而已?它所产生的影响何止是几条人命?核武器在军事、政治、经济、社会,甚或是文化上所产生的震撼,可以说是排山倒海、无可衡量。进化论的产生当然也不是生物学上的一个理论或派别而已,它几乎对一个人的价值、面对人生的态度、对未来信仰与生活的概念,对文化、艺术等都有超乎想象的关联,甚至还牵引出殖民主义正当性的论点。所以说科学是一种社会建构:

科学与个体、社会，甚或是国家都是生命共同体。这也难怪，科学研究过程中的程序与技巧，都会招致社会的干预或影响整个社会的重建。

（三）科学与专业

一般而言，所谓“专业”应该是各行各业追求科学化过程中的成员之间的组合。虽然不同行业的科学化层次各不相同，追求科学化的态度也各异，但是其与科学之间的关联则是必然趋势，在此不必赘言。因此，科学会导引专业的互动，每种具有共通性的科学都会形成一个集团，如社会工作专业协会、社工师公会、医师公会、律师公会等。在每个集团中通常都会有对话与沟通，也会产生社会化和社会控制。较相近的专业集团，彼此之间可能会用较相同的语言，甚至会形成“典范(paradigm)”共同遵守。当然，专业集团自己内部间也可能会有争执，但有时仍能激发一些科学改革，新的典范也将因此产生。总之，科学与专业亦有相当的关联性。

六、科学社群的规范

所谓科学社群是指受到一组共同的规范，其研究的行为与态度均受约束，以维持科学思潮的一群人。之所以称为社群，是因为这是由互动的成员所组成的团体，他们有共同的典范，共享一套道德标准、信仰、价值、技术、训练，甚至他们的职业生涯路径也相同。科学社群的规范，大致如下(Neuman，2000)。

（一）一视同仁

以科学的价值判断为最高准则，而不管是谁做的研究，在哪里做的研究，因而是以研究的成果与品质，而不是根据研究者的地位或年龄来作判定。

（二）组织化的怀疑论

在科学的领域里，所有的证据都应该接受挑战与怀疑，都必须经历严格的批判与审查。对理论有基本上的怀疑，对理论一步步地加以验证的态度即为“组织化的怀疑论”。

（三）不偏不倚

面对科学的非预期的观察或新的知识与观念，科学社群的成员应该严守中立与公正的立场，并保持敏锐的洞察力来检视新知识。

（四）共享主义

研究是公有财产，开放给所有人使用，所以研究的过程必须被描述，而且必须经过一种特殊的形式与规格公开发表,否则不会被科学社群的人接受。这是为什么研究法必须教导何谓正确的格式,从文章的次序、写法、应有的内涵等均有规范的原因,科学社群的成员也必须据之以行。

(五) 诚实

诚实本是应具备的规范,但在科学社群里更被强调。社会工作研究者应了解并遵行科学社群的规范,以便能在科学的探寻与研究成果的展示中得到应有的尊重。面对寻求真理时的渴望、追求真理时的执着、学习别人研究成果时的不卑不亢、发表自己看法时的条理井然……只有这样,才能在科学社群中与别人分享、竞争、砥砺、成长。

第三节　社会工作与研究

在英文的字根中"re"是再一遍、重新、再一次(again, anew, over again)的意思。"search"则指仔细精密地检查、测试与调查。所以我们可以说,研究有三大内涵:(1) 对许多知识做仔细、系统的研究,以建立一些事实的原理和原则;(2) 研究者重复地运用客观、严格及系统的程序,把研究的对象操作化或测量化(measurement);(3) 对所观察事实的假设验证化(verifiability),使研究的结果有代表性(representative)(Middleman, 1984)。总之,通过研究,我们才有机会去证实一些重要的理论是否准确,才能开发一些结构尚未完整或仍在摸索阶段的理念,也才能使理论愈加有实务的应用性(Babbie, 1992)。社会工作同仁应被训练,使之有能力进行研究、能测量其资料、能证实其论点,也使研究的成果有代表性。

研究的类别很多,由于研究方法、应用性、使用场合以及经费来源的不同,研究可分为不同的类型。Beach 与 Alvager(1992)指出:从研究方法来看,研究可分为实证性研究(empirical research)与理论性研究(theoretical research);依应用的程度而言,研究可分为基础性研究(basic research)与应用性研究(applied research);从使用场合来看,研究可分学术性研究(university research)与非学术性研究(non-university research),再从经费来源来看,研究也可分为公众研究(官方研究)(public research)与私人性研究(private research)。国内的社会工作研究状况依当事者的背景而有差异，有实证性研究，也有理论性研究；有学术性研究，也有实务性研究；有官方的研究，也有企业的研究……但以社会工作的本质来看，还是以应用性研究居多。

社会工作者必须做研究，借着研究去验证理论的真伪，去开发新的知识领域；再把研究结果应用到实务工作中。如此，才会对社会工作专业的发展有所帮助。

一、求知的目的

社会工作者为什么要做研究？众所皆知，社会工作专业非常重视实务，所以我们强调助人的重要性与技巧的专业性。其实，社会工作也是一种求真与求知的过程，为了更有效地做好实务，我们必须懂得更多相关知识与科学知识，以便使专业做得更好。而懂得更多、更真的方法就是做好研究。换言之，研究基本上就是一种求知的过程，而求知可以让我们达到下列的目标（the purpose of knowing）。

（一）叙述（description）

一个好的研究可以使我们更客观地叙述事实的真相、情境、现象、过程与结果。能清楚地叙述问题是研究者（社会工作者）的基本能力。

（二）解释（explanation）

除了叙述事物的现象外，更进一层的叙述则是给予解释。叙述只指出发生了什么事（what happen?），但是解释则更进一步，它还要说出所以然（why it happen?），告诉读者事情为什么会如此发生，事情的前因后果是什么。它比叙述问题更进一步。社会工作者也应该有解释事情始末的能力。

（三）预测（prediction）

解释只是讲出事情的始末，一般而言，它讲解的是过去所发生的种种缘由，但是它不能讲到未来。能准确地判断未来所可能发生的事就是“预测”。所谓的预测不是江湖术士所谈的未卜先知，而是借着数据、经验、理论等预测未来所可能产生的结果。当科学的程度愈严谨时，预测的能力必将愈高。自然科学的预测能力远比行为科学要强，行为科学又比人文科学要强。社会工作借着更严谨的训练与研究，对社会上发生的各种问题与现象，不仅要叙述、解释，还要能预测。

(四) 处遇、处置(treatment or intervention)

社会工作与其他社会科学和行为科学较大的差异，是除了分析问题如何产生以外，还必须对问题提供解决的方案。社会工作教育的训练重点就是教导学生在面对个人、团体与社区所产生的种种问题时，能够予以处置，减少问题所造成的伤害，这是社会工作相当重要的特质。但是要证明处遇是否必要、在何种状况最为有效等问题时，就需要研究来佐证。

(五) 比较与评估(comparison & evaluation)

即使社会工作者能分析问题，甚至能提供解决问题的方法，还能身体力行、奉献付出、努力实践，但是他仍然要有比较与评估的能力。在实务中，比较处置的前后有多少差异，这些差异是否显著，评估我们的方案是不是有效，与所付出的时间、人力、资源成不成比率……这些比较与评估的技巧，在研究法的训练中不可或缺。

二、社会工作研究法的特质

为什么要有社会工作研究法？它与别的相关学科的研究法到底有何不同？我们都知道社会科学有多种研究方法，基本上都是大同小异，例如有关研究的逻辑、抽样的原则、资料的收集与分析、统计方法的运用，甚或是参考资料的整理与呈现等，大致雷同。但是仔细比较各专业的特质时，我们仍然可以看出一些角度的差异，而社会工作研究法与别的社会科学的研究法到底有哪些差异呢？我们可以从社会工作研究法的特质来分析。

(一) 研究与社会工作相关的主题

社会工作研究法主要是研究与社会工作相关的主题。凡是与社会工作方法有关的主题，如个案工作方法、团体工作方法，以及社区发展与组织等；社会福利有关的对象与人口也是我们研究中的重要主题，如儿童、妇女、家庭、劳工、残障及各种弱势团体等；甚至有关行政、政策等间接服务方面的问题，我们也不可忽略。社会工作的范围堪称广泛，社会工作所涵盖的层面更是繁多，所以社会工作的研究范畴当然也就丰富多样，且大有发展空间，更可符合各类各样社工专业的需求。

(二) 从社会工作的角度探讨别的领域的问题

社会工作专业与很多学科有密切的关联，如心理学、教育学、社会学、政治学，甚或是生理、精神医学等，其所牵涉的范围颇为广泛。有时候，社会工作也有必要对别的相关学科做探讨，如艾滋病病患及家属的心理需求或社会需求，逃学青少年的心理、社会分析等题目，乍看之下，这些并不是社会工作的主题，但是针对这些问题，从社会工作的角度去切入显然势在必行，因此社会工作遇到此种问题时，也责无旁贷。

（三）以“Do”的角度来评价社工的创新、修正与实验

基本上，社会工作较偏向于实务，因为社会工作的精神不只是针对各类社会问题提出分析，更要针对这些问题提出处置意见和方法，以解决问题，至少可以使问题的伤害减到最低限度。若只为分析问题，或只了解真相，那么所做的研究是“Be”的研究；当研究的目标是解决问题、改善解决问题的技巧、增进辅导功效，或评估处置是否得当、是否合乎效益、是否真的对案主有所帮助、其他所衍生的问题在哪里……那么所做的研究则可称为“Do”的研究，当我们对“所作所为”负起责任，自行评估、反省，在研究上下功夫，并把研究的成果回馈到专业时，对于社工专业的提升一定有最起码的贡献。

（四）强调与社工实务的关联，取自实务，用之于实务

社会工作研究不应该只是学院内社工教授、教师们的专利，从社会工作的本质来说，社会工作应该取自于实务，用之于实务。学院内的教授应该熟悉实务、了解实务，他们更应该把各类理论实务化、本土化，而这种实务化、本土化的任务都必须通过研究的渠道才能达成。从另一个角度来说，社会工作实务工作者不应该惧怕研究、排斥研究，他们应该更加敏感于实务上所产生的问题；这种了解实务问题、分析问题，进而设法解决问题的过程，也是研究方法的应用。通过研究，不仅可以使理论实务化，也可以使实务理论化，如此，社会工作专业水平才能提升，社会工作专业的未来才有前途。

三、社会工作研究与社会工作实务

从以上的分析来看，社会工作者不仅是个实务工作者，也应该是个研究者。社工实务的陶冶是要社工同仁有一颗温暖的心，社会工作研究法的训练却要求社工同仁必须要有冷静的头脑。社会工作者既是实务工作者，也是研究者（practitioner/researcher）。但达到这种境界至少需做到以下几点（Siegel，1984）。

（一）运用研究方法，重新审视实务的内涵

实务应该通过研究方法的考核。乍听之下，似乎太让实务工作者喘不过气

来。20世纪70年代时,Joe Fisher的“Is Case Work Effective?”(个案工作有效吗?)(作者用“实证”的方法检视社工研究中的个案工作是否有效,结果却是没效)无疑对社工实务者造成了震撼,引发了如何才是客观的社会工作实务评估的广泛讨论,也引起了量化研究与质性研究孰优孰劣的思考。其实,把研究法用到实务工作中并不是单纯对实务工作进行评估,研究法除了评估以外还有很多的用途。但是实务工作者每日忙碌于如何助人时,花一些时间冷静地思考其所作所为是否达到预期的功能、用较大的企图心去考量如何扩大我们服务的效果时,也是理所当然、义不容辞的。研究法用之于社会工作实务应该是利多于弊。

(二)在干预过程中,需收集资料,以审视干预之效果

实务工作者在服务案主时,应随时收集资料,观察案主本身及各种情境,来考量我们对案主所提供的干预是否达到了预期的效果。如何收集资料?何种资料是重要的?资料如何量化?如何探索无法量化的资料?这些问题在社会工作研究法的训练中非常重要,实务工作者对这些任务与挑战应早日学习去回应。

(三)以研究的方法、技术与工具,审核干预的效果

在研究法的领域中,包含着各式各样的研究类型与研究设计,每一种类型与设计都有其优缺点,且各自适用于不同的领域与问题。当实务工作者有良好的研究方法训练时,将不再畏惧于各种研究类型如何应用,也不担心统计方法如何实施,他可以更好地掌握各类研究方法的技术与工具,如此在审核干预或处置的效果时,才能不失之于偏颇。

(四)以具体、可观察、可测量的项目去描述案主的系统性问题及干预的过程、目标和结果

测量(measurement)在研究法训练的过程中是相当重要的单元,当研究者要界定案主有什么样的问题,决定要处理哪个问题时,研究者的首要任务是了解他的问题有多严重。而界定问题的严重性时,便必须以客观的态度来衡量,所以在研究法中,一般都是以案主具体、可观察、可测量的问题来当作我们处置、干预的目标与对象。而干预或处置完成时,更重要的任务是:我们怎么知道我们的处遇是有效的。在计算是否有效时,仍然针对案主具体、可观察、可测量的问题项目去评估,跟还未进行处遇前的方式一模一样,如此一比较,再用统计的方法去分析,大体上我们就可以判断处遇是否达到预期的效果了。

（五）当提出社工的实务内涵时，需合乎逻辑规则

逻辑（logic）、伦理学（science of reasoning）等乃理性之科学，意指正确的理论与推理。换言之，借着演绎（deductive）与归纳（inductive）的方法，使抽象的理论与具体的实务间可以循环不息。在研究的过程中，什么问题是我们应该拿出来探讨的，问题的关键在哪里，问题应该如何进行探讨，什么才是客观的评估与测量……在界定这些主题时，需要合理的推理才能使研究合乎逻辑。而所谓合理的推理当然也就是指研究是不是合乎逻辑，实务的提供是不是言之成理，研究的步骤是不是能说服别人，实务的提供是不是针对问题，是不是能做到"有识者亦若是"……实务工作如此，研究工作亦然。

（六）需了解研究和实务都是应用逻辑的一种方式

从逻辑的观点来看，演绎和归纳并不对立，而是相辅相成的。从社会工作的角度来分析，实务与研究仍然是一体，相互依赖，共存共亡。没有社会工作实务，哪来社会工作研究的主题？没有社会工作研究，社会工作实务哪能提升？从研究和实务的本质来分析，事实上两者都是理性科学的过程，一样都是逻辑的应用。从理论到实务的演绎过程，加上从实务到理论的归纳步骤，全然都应该是逻辑，都应该相存共依。

（七）在定义案主的问题、收集资料、评估各种信息时，须辅以研究的方法、技术和工具，且通过此法去导引干预的策略

在研究时，不仅过程需严格谨守研究法中的原则、技巧与方法，使问题的定义适中、资料的收集周全、测量客观合理，分析又能准确翔实；更重要地，当研究的结果被分析探讨后，处遇的策略与方法，应该马上拟订、安排。研究从实务而来，有了结果以后，就要回到实务中去，才能与社工专业有效地结合在一起。

（八）了解研究与实务是问题解决的一连串过程

社会工作是助人的专业，它是解决各类个人问题、家庭问题与社区问题的最直接、最有效的工具。社会工作的本质是解决问题，因为社会工作实务也好，研究也好，都是一种逻辑的演绎与归纳，都是问题解决的一连串过程。

四、社工研究、社工实务与问题解决

社会工作研究基本上是一个问题解决（problem solving）过程。一提到问题解决，社会工作中有问题解决派个案工作、团体工作；社会工作各种理论中对

问题解决的定义、技巧,有很多探讨与分析。但是基本上,所谓的问题解决,不外下列一些步骤:(1) 定义问题,找出什么是问题;(2) 选择可处遇的问题,因为问题可能很多,不是一时可以处理完毕的,所以必须先选择可干预、所要干预的问题是什么;(3) 进行干预,拟订策略,设定可行办法,对问题进行处遇;(4) 评估结果,处遇一结束,马上进行评估,确定处遇是否达到预期的效果(Urban & Ford, 1978)。

提倡实用主义与思考(pragmatism & thinking)的杜威(John Dewey),对于什么是问题解决有很清楚的叙述,他认为问题解决包括五个步骤:(1) 界定问题,知道问题的所在及问题的程度;(2) 分析问题,把问题的前因后果分析清楚,并借着问题的分析,把问题特殊化;(3) 找出所有可能解决问题的方法,因为问题的解决一定不止一个方法,在确定何者最佳、最适合时,必须把可能的方法列出,并仔细分析各种方法的优劣长短;(4) 选择一个最好的方法,根据各种方法的比较分析,找出一个最好(最适合)的;(5) 执行、评估,把方法落实,确实去实施,实施完成后,并给予评估,计算出到底有没有达到效果。

这些方法的每一个步骤,我们都耳熟能详,也明晰合理,而且具体实在。杜威的分析与上面所谈的四个步骤其实也是异曲同工、大同小异,都能成为我们解决各种问题时的参考。

若再仔细分析,这些问题解决的步骤,与我们所谓的社会工作实务、社会工作研究,又何尝不是"如出一辙"?若我们把社会工作的问题解决理念当作"经",把问题解决、社会工作研究、社会工作实务当作"纬"来比较分析,可以得到较为清楚的轮廓,也可以发现很大的相似性。

步骤一,问题的界定、定义与特殊化(problem identification, definition, specialization)

- 问题解决:了解问题的存在
- 社工研究:确定研究的问题
- 社工实务:诊断与评定

步骤二,选择可干预的策略(generation of alternatives and selection of strategies for problem solution)

- 问题解决:建议解决问题的可能方法

- 社工研究：成立假设并设定研究设计
- 社工实务：选择并计划干预

步骤三，施行(implementation)

- 问题解决：执行所选择的解决方法
- 社工研究：执行研究设计
- 社工实务：执行所选择的干预策略

步骤四，评估与普及研究发现(evaluation and dissemination of finding)

- 问题解决：对所选用方法的结果评估
- 社工研究：分析、解释与报告发现
- 社工实务：评估案主的进展与结案

从以上四个步骤来分析，我们发现，社会工作是助人的专业，也是问题解决的过程。社会工作研究不仅与社会工作实务"唇齿相依"，两者也是解决问题的必要步骤，社会工作同仁对研究与实务这两大主题都应该好好掌握。

五、社会工作者的研究角色

经过以上分析，我们可以肯定地说，社会工作者不仅能从事社会工作的实务，其也是一个研究者，有能力进行社会工作相关的研究。具体而言，在研究的领域里，社会工作最少有三种角色。

(一) 研究的使用者(research consumer)

社会工作者是研究的使用者，所谓"使用"基本上有两个意义：(1) 社会工作者有能力做研究。他知道研究的步骤与过程，清楚研究的方法与要诀，他能进行资料的收集与分析，也能够从研究发现中给予诠释和应用，他是十足的研究者。(2) 社会工作者知道如何应用研究。他虽不一定有能力进行研究，但是他有能力研判该研究的优缺点，清楚抽样过程的好坏与代表性是否足够，他对研究所使用的统计分析也一目了然，不会对数字与统计浑然无知。基本上，社会工作者至少应该知道如何应用研究，当然，他最好也能进行研究。

(二) 知识的创造者与传播者(knowledge creator and disseminator)

知识的创造有颇多来源，有的是传言，由街坊间穿凿附会而来；有的则是经过印证与考验,有根有据。有些知识纯属个人意见,由个人经验、理念或是幻想臆测而来,有的则经过严格的验证、调查、研究、讨论,甚或是批判、争执而来。此地所谓的"知识创造者"应该是指社会工作者经由假设、调查、分析所得来的"发现"(finding),这些发现必须经由研究的步骤与考验才能存在,所以借着研究,社会工作研究者便创造了知识。而所谓"知识的传播者",是指社会工作者不仅对各种已获证实,并且符合社会工作精神与原则的知识的应用、介绍,更应是在研究领域上的交流,以较严肃的态度,从不同的角度与立论,相互之间进行分享与批判。如此,专业的知识、经过验证并应用过的理论,才能适当地被传递。

(三)对各学科的知识分享者(contributing partner)

20世纪科学发展的特征是科技整合,各行各业都不能单独发展,必须与相关学科相互配合、相互应用,该专业的立论根基才会更扎实,专业知识的使用性才会更高。社会工作的理论与知识有不少由相关学科而来,如心理学、教育学、社会学等。理所当然地,社会工作的经验、研究、理论等也不能孤芳自赏,它必须与其他相关专业交流、分享,甚或寻求他们的批判与意见,如此才能去芜存菁。在不久的将来,可以预见,社会工作专业会在知识的领域里扮演更积极、更活跃的"分享者"的角色。

六、影响社会工作研究的一些因素

为了使社会工作更加专业化,社会工作研究势在必行。但是社会工作研究的发展仍然受许多因素的影响。专业的本质、机构的特性,加上实务工作者个人的因素都会干扰研究的发展。

(一)社会工作机构

机构本身当然是影响研究可否进行、如何进行的最主要因素。

1. 责信的问题(accountability concerns)

公立的社会福利机构都有其主管单位。民营的社会福利机构大体上都是非营利的单位,一切的行政费用、人事开支,以及方案的执行经费都有"财源单位"在支持。不管公立或民营,既然都是受委托的单位,为了表示负责任,就必须有责信的考虑,以便使别人"信得过"。为了达到此目标,社工机构就必须针对所做服务的效果、工作的效率,以及经费上的花费提出报告,以便让外界可以信服。而效果评估、效率的考虑，以及经费的计算等，都会直接或间接地影响是否要进行研究。责信就是我们对消费者的产品保证，是向案主说明方案的功能与方法，也是告知社会，我们负起保证工作品质的责任。

2. **评估的潜在问题**(evaluative potential)

机构对评估的态度也会影响研究是否要进行的决策。对从事实务的机构而言，研究难免会带来压力与焦虑，不仅是因为怀疑本身是否有研究的能力，有时候更担心研究的结果会不会影响业务的推广。工作者常常因为个人观点的不同，对是否要进行研究、要如何进行研究等都会有不同的意见与看法，当然会对研究能否顺利进行产生影响。

3. **研究的市场**(market for research)

以目前时代的发展取向来看，研究有其愈来愈宽广的市场，因为研究已是一个时代趋向。事实上，社会工作专业应该妥善运用研究和评估，因为若运用得当，评估可对机构的运作产生有利帮助，使社会大众对社工专业更加信服。借着研究，也可以使社会工作专业愈来愈重视组织系统，较能从整体的角度来看问题。因为研究，所以在思维的考虑上，我们会愈来愈逻辑化，也会因此愈来愈强调效率，并且也会考虑到公共利益与私人利益如何兼顾。如此一来，研究的市场当然会愈加宽广。此外，时下企业界所流行的“PPBS”——planning, programming, budget systems(计划、方案与预算体制)；“PERT”——program evaluation review techniques(方案评核)等，其实都是研究的应用，而这种趋向势必要扩大，而且肯定会延续。

谈到研究的市场，难免会有研究主题的争执与困扰。我们是不是为了成本效益的考虑，会对高成本而效果不彰的案主服务逐渐予以排斥？社会工作的发展方向或好坏的判断，难道都应该以成本的计算或现实的利益得失为我们最主要的考虑因素？答案当然是不尽然，但也因此可看出研究与市场之间关系的奥妙与复杂。

4. **敌对的环境**(hostile environment)

社会工作的环境有时颇为复杂。主要原因是社会大众普遍对社会工作缺少认知或有误解，以为社会工作是任何人只要凭爱心就可以去完成的，或以为社会工作是花钱的、毫无生产能力的、只会对经济造成负担的专业。他们往往忽略了社会工作(社会福利)在问题预防与解决上所得到的经济利益、在资源整合与运用上所带来的好处,以及对社会整体安定所带来的贡献。在这种环境中,克服这种困难最有效的方法就是借着客观的研究,借着合理的数据与成果来说服社会大众。

5. **缺乏财力资源**(scarce financial resources)

对机构而言,理论上必须做好评估与研究,但实际上却有困难,最主要的原因是经费上的问题。社会福利事业普遍缺乏经费,研究上的花费在次序上当然不是优先项目。改善此状况的方法,除了政府相关部门的补助、社会慈善基金会等机构的支持外,借研究设计与规划降低研究的支出与预算,或对研究题目进行斟酌与改进等技巧,让相关单位了解研究的好处,乐意提供研究经费,也是一种途径。

6. **个案资料**(client files)**被研究时所面临的伦理问题**

案主的资料用来研究时,我们必须考虑是否违反专业伦理,因为这牵涉到"隐密性"原则,在"个人隐私"愈被重视时,研究千万不要触犯法律问题。从研究技巧的层面来看,个案记录如果不能标准化,记载上就不完整,格式上也很难一致,都会造成研究过程上的困扰,这些因素也都需加以考虑。

(二)社工专业(the social work profession)

社工专业本身也会影响研究的进行。首先,研究所面临的是价值和伦理的问题。社会工作者在从事研究时,应对所研究对象的权益加以保护,不仅需考虑其隐私,更要考虑其感受与情绪,研究固然要进行,受访者的自尊也要顾及。

进行研究时,经常都要有适当的研究设计,因此,有关实验组与控制组的安排所衍生的问题就会非常严重,而且很难避免。譬如,当我们有新的处置方案时,为了要证明方案的有效性,必须把受访者分成实验组(采用新的处置方案者)和控制组(维持原来的处置方式者);到底哪些人被安排入实验组?哪些人属于控制组?如果实验本身牵涉到某些处遇上的福利,那么控制组的人一定会抗议;如果实验本身效果难卜,而且可能会有某些副作用(实验组的人有可能被当作白老鼠),那实验组的人更会愤怒,为何把其当作实验品?若是让他们选择,则实验的本质就会受到干扰,造成了抽样偏差且存在代表性的问题。这些问题对社会工作的研究都是难题。

从社会工作的伦理和价值观念的角度来看,有时与偏向实证的"研究法"

来对照时，两者之间也可能会有格格不入的现象。不仅是实验组与控制组之间的调配问题，更是理念的问题。如社会工作实务的过程甚或是处遇的结果果真可以用量表来测量吗？现在有效，或短期内马上奏效，就真的是有效吗？我们用多一点的时间来帮助案主、训练案主自决、自我肯定……在调查过程中，能测量得出这种改变吗？若测量不出来，就可以一口咬定是社会工作者的处置能力有问题吗？以效率或效益"挂帅"的评估研究，对生存条件本就不良的弱势群体而言公平吗？当我们兴致勃勃地要进行研究时，若愈注意社会工作的本质与理念，就愈会发现研究所要考虑的问题并不是那么的单纯。

（三）社会工作实务者（the social work practitioners）

社会工作实务者本身的特质也会影响研究。每个人都有个别的特质，有的重理性，有的重感性；有的条理井然才能办事，有的则是在混杂交错不堪时才能获得灵感，把事情办好。每种专业的特质也不尽相同，有的以物体为对象，实验室是其归宿；有的重动态的关系创造，公关企业是他施展才华的场所；有的以助人为本，关怀人的心灵、情绪，那生活适应才是他的工作目标。一般而言，社会工作是以人为取向（people orientation），它的工作重点不是物体或某项任务。社会工作以实务为主，所重视的是社会工作的理念与原则是否能够运用与施展，它较不重视数字或成本效益等"现实"的问题。所以，这种背景或心态也会影响到研究工作的进行。

第四节　社会工作研究的伦理考量

一、研究时所需注意的议题

（一）研究者在参与研究中，必须小心顾及所可能产生的后果

不用讳言的，有些研究的主题或方法比较容易引起伦理上的争议，有些则较单纯，不致造成伦理上的困扰。但是，不管研究的性质如何，社会工作者在进行研究之前，必须好好深思、考虑，小心顾及所可能产生的后果，并事先预防问题的产生，而非贸然进行，造成问题、产生伤害后才后悔道歉。

（二）研究过程中应征求案主的同意，对拒绝参加的案主不能有任何的报复或惩罚，并要顾及案主的自尊和隐私

当社会工作者决定进行研究时，希望一切都能够顺利地开展，期待每个相关的人员都能够全力配合，最重要的是案主答应接受访谈及调查。但是不管研究多么安全，不管我们对案主有多大的保证，并且允诺不会对案主造成伤害，有些案主就是不能全然放心，不愿意接受调查，也因此使研究不能顺利进行。此时，研究者难免会失望、不悦，比较把持不住的研究者，说不定会有报复或惩罚的举动，这些都是社工伦理所不容的，也不是成熟的社会工作者会做的事。社会工作者对拒绝接受调查的案主不能有任何的报复或惩罚。在进行调查的过程中，我们更要顾及案主的自尊与隐私。

（三）应当保护案主，避免案主受到心理或生理的伤害

在社会工作研究中，有时只是选一个人当作研究的样本，就可能对案主造成伤害。例如，在离婚者的生活适应研究中，有些较敏感的受访者会因自己成为受访者是极不名誉之事而耿耿于怀。有时，会因为对受访题目的理解产生偏差，而认为研究者看不起他……这类事情在研究的过程中常会产生，因此社会工作同仁在进行调查研究时不可不慎。

（四）社会工作者参与评估时，应站在专业目的上，让受评估者有表达的余地

近年来，评估研究逐渐被看重，而且也愈来愈普遍。因为评估研究对受评估者而言难免是一种压力，也可能影响他的基本权利(可能会因为评估的优劣而影响他的升迁或待遇)，所以，社会工作者在参与评估时，应站在专业的目的上，让受评估者有表达、解释的机会与余地。

（五）研究中所得的有关案主的消息，应视为机密

某些研究难免会涉及个人隐私，在调查的过程中，社会工作者苦口婆心地解释、想尽办法地保证，表示一定不会对受访者造成任何的不利。但是等到资料收集完毕后，甚或是研究分析结束后，却会因一时大意而忘掉了先前对受访者的承诺。其实要视为机密的事，不是我们一般所谓的“涉及个人隐私”的事才算机密；广义的解释应该是，有关受访者在回答问题时所透露的信息，都应该被视为机密。研究者应该养成良好的职业习惯，不随便泄露案主的任何信息。

（六）研究者应将功劳归于对研究不断努力的态度、求真的动机与所有有贡献的人，不管是直接的还是间接的

俗语常用“一将功成万骨枯”来形容战争的现实与无奈，其实在调查研究中未尝不是如此。调查研究完成时，除了研究者“满心欢喜”外，受访者到底又得到什么好处？从研究的另一个角度来看，今天研究之所以能够进行，是多少先前的相关研究在打前锋？个人再大的创见与成果，哪一样不是别人心血的累积？所以当研究结束时，研究者应该把功劳归于对研究的不断努力，归于对求真不遗余力等各种有贡献的人，不管这些人是直接的或间接的，是志愿的或非志愿的。

二、社会工作研究中常见的难题

虽然我们无心伤害别人，不愿意在研究的进行中让任何人难过，我们也随时随地都在注意着，不使研究违反社会工作的伦理与精神，但是在现实的环境中，一旦要进行研究，小心也好，无意也好，总有一些有关研究方面的难题，会使我们的研究产生困扰，这些困扰有的已在上文中探讨过。

（一）有些研究的主题会妨害到案主的权益

研究的目的就是要挖掘真相，但对某些案主而言，真相对他们来说却是痛苦不堪。在某些静态研究中（例如个案记录的整理与分析），我们无法找到这些在记录中的案主，但是在分析时，没有经过这些人的同意，就把当初是绝对机密的资料拿来做研究，这种行为已经严重侵犯了案主的权益……其他的场合中，若是我们心思敏锐，在进行研究时，难免都会有危及案主权益的事情发生，这些事必须事先预防，否则，也应设法使伤害降到最低。

（二）案主是否同意的问题（voluntary and informed consent）

从伦理的角度来看，要进行研究，一定要事先获得案主的同意。但是所谓同意，是必须事先给案主充分消息，包括所需负担的时间、活动，所需揭露的事情与可能有的危机与利益，有权在研究结束时毁灭其个人资料等，当受访者得到这些消息后，若他欣然同意当然最好（受访者有权拒绝全部或部分研究），而万一案主拒绝时，研究者也应保证对他们的服务与利益不会有任何影响。理念上，相信社工同仁一定可以接受这个前提，但在实际进行研究时，你所需要的受访者不接受你的访谈时，说你没有情绪上的反应那是很难的。

（三）对案主生理与心理的安全保护(protection from physical and mental harm)

为了要达到保护案主的目标，研究者在收集资料、使用研究或测量工具，或分析资料时应顾及社会工作方面的伦理，以保护案主生理与心理方面的安全。因此，研究员在测量时要客观，不可先入为主，基本的态度上更要小心，避免对种族、文化以及残障等弱势群体有所偏见。研究同仁在分析资料时要小心隐藏特殊资料，避免负向解释。若研究态度能如此敏感，并且多方面顾及案主的权益，才能对案主的生理与心理有所保障。

（四）隐密性(confidentiality)

社会工作者在收集资料或与案主沟通时，虽然有很大的特权，但应小心应用，不可因大意而泄露案主的秘密。除了对调查时有关的资料绝对保密外，我们还需注意研究的场地是否对案主有安全及隐密性的保障；有关该案主的个性与特性、调查时的记录以及有关记录的保存等，都不应疏忽。研究者也应公私分明，不要把案主的情况带回家，不和家人或朋友讨论细节，以尊重案主；同时也可以保护研究者的工作情绪，避免太多的情绪介入(感情介入)。在研究进行中，或分析完成时，若有第三集团要知道过程与详情，研究者都应该予以回绝。

（五）成果的贡献者(credit in scholarly and research endeavors)

研究者的能力再强，所花的心血再大，一个研究的“完成”总有其他人的不少贡献，从文献的累积、研究过程的摸索、调查时多人的参与与配合、分析时的协助与帮忙等，都是经由多方努力才能完成的，绝对不是一己之功，因此研究的荣誉应与多人分享。若研究是由多人共同协力完成的，在决定作者群的排名次序与贡献的数量排行时，应由开会决定，不能以职位的高低，或是年纪的大小来当作标准。

三、实务工作者在研究上所面临的问题

多年来，社会工作一直被认为是个颇富爱心、努力从事实务的“工作者”而已。这种“地位”当然没有什么不好，但是我们不能以此为满足。为了未来在实务工作中我们可以做得更好，社会工作研究势在必行，所以社工实务者的研究能力必须提升。然而，很多实务工作者在研究上总会有一些心理上的问题需设

法克服。

（一）观念上觉得研究很复杂、很难

从问题的拟订、文献的收集、研究的设计、统计的分析或电脑的使用等，很多工作者认为从头难到尾。当然，研究需要训练，但是绝对不是想象中那么高不可攀，只要有正规的训练，心理不畏惧，稳扎稳打，一步一步来，总会水到渠成。

（二）对统计的畏缩

或因先天因素对数字常有反感；或因在校时训练不佳，而对统计心生畏惧……这都是研究裹足不前的原因。事实上，不会“计算”统计跟“看不懂”统计不一样。学会计算，是要下点功夫，但是看得懂统计却不难，只要虚心学习，抓住要诀，或借着电脑软件的应用，学会统计并不难，因此实务工作者不应被统计吓倒。

（三）不知从何着手，手忙脚乱

研究不难，但对新手而言，却常有无从下手的苦衷。事实上，研究有其步骤与方法。若能先从自己感兴趣的主题开始，把相关的研究文献做一浏览，再找出研究的问题（若有人可以协助，向其咨询一下该题是否可作、如何作等问题更好），抓住主要的变量，再商榷一下什么研究设计最适合，确定以后，再把变量操作化，接下来，就是资料的调查、收集，然后用电脑软件去分析……乍听之下，仿佛千头万绪，使人却步，但是读者应该可以发现，这些步骤都是固定的，而且几乎都是一成不变的，只要多做，必然可以驾轻就熟，绝对不会永远手忙脚乱。

（四）面对压力的脆弱与不成熟

研究的过程中多少都会碰到瓶颈，种种原因，不一而足，压力不可谓不大。但是致使研究裹足不前，或使应可进行的研究胎死腹中的主要原因，往往不是研究的难度问题，而是研究者的心理适应问题。换句话说，研究的主要障碍不是研究本身，而是研究者面对压力的能力、处理挫折的能力，或是人格成熟度等因素。针对以上种种研究困境，实务工作者必须在心态上做出修正，以为因应。

首先，研究者必须了解，研究不是金钱的问题，而是观念的问题。千万不要以为所谓研究是“已经”申请到一笔研究经费，所以必须去进行研究。研究乃是一种心思、一种概念，更是一种态度。实务工作者为了解决实务上所面临的问题，或是使实务的心得得以证实，一定要做研究。其次，研究不是时间的问题，而是毅力的问题。很多实务工作者常以工作太忙无法从事研究作为不能从事研究的借口。事实上,研究也是一种习惯,研究不见得一定得劳师动众、轰轰烈烈。只要有研究的观念,可以从实务上对资料收集等持之以恒、日积月累,相信假以时日也可以做一个很有深度的研究。最后,不是统计的问题,而是做事态度的问题。统计再难,别人可以帮忙,电脑的处理更是简单。愿意做研究的人不会以不懂统计当借口,相反地,他会从一边做研究、一边学电脑与统计的过程中得到学习的喜悦,也因此使实务更具体,使数字更有意义。总之,研究的进行与否,不是会不会的问题,而是愿不愿意的问题,只要你愿意,一切的难题也可逐一迎刃而解。

第五节　研究的时间架构

研究需要多少时间来完成牵涉到研究的问题需要多少时间去回答。从现在到未来,或从现在回溯以往,所做的观察是在同一时段或是不同时段……一般而言,研究时间的架构可分为下列几种(Babbie, 1992)。

一、横断性研究(cross-sectional studies)

研究某一特殊定点时间内的社会事实与现象。以目前社会工作界的硕博士论文内容来看,几乎都是这种横断性的研究。这种研究是以进行研究的那段特定时间点的现象为主,在该段时间范围内,找出两个变量之间的关系。这种研究所牵涉的时间较为单纯,时间的消耗也较短,当然在经费上也较为经济。

二、纵贯性研究(longitudinal studies)

Leon 指出,纵贯性的研究,其资料的收集跨越单一定点时间,而以一段时期来进行,为的是要从不同的时间点中来看现象的变化,此类研究由于牵涉到不同时间的受访对象,可分为下列几种(Babbie, 1992; Baker, 1994)。

(一) 趋势研究(trend study)

研究社会现象变迁与发展的趋势,通常为五年、十年或是更久,所以它是相关主题、不同时间、不同样本的研究,如近十年中移民与死亡率的发展研究,不同时间点所调查的对象也不相同。不同时间、不同样本的研究可看出现象变化的趋势。

（二）族群研究(cohort study)

研究相同主题、特殊族群(specific sub-population)在经过一段时期后(五年或更久)，其行为或现象的改变，故研究对象来自同一总体、相同性质，却非原本的样本。如：五年前15—19岁青少年抽古柯碱(又称“可卡因”)的比例，五年后调查20—24岁青年吸食古柯碱的比例，以比较其行为的变化，但五年后的调查并非同一群人。

（三）同组研究(panel study)

研究相同主题、相同样本在不同时期内的变化情形，如在上例中20—24岁青年组的研究，仍为五年前的15—19岁的那一样本的人。此类研究样本容易流失，较不可行。

第六节　研 究 计 划

一、研究的步骤

Beach及Alvager(1992)指出：所谓科学的步骤是从研读(study)与讨论(discuss)开始，这是研究的第零步(step number zero)。因为从研读中，研究者知道了某些问题被探讨到何种程度的真相；在讨论中，研究者从老师、同学、会议中的讨论，知道问题与思潮的发展倾向，也因此可以获得某些灵感，对一些问题与变量产生特别的兴趣，也因此可以产生研究的动机或企图，虽然什么都还没有做出来，但是已经孕育了进行研究的种子，所以可以说是研究的第零步。

随后，借着更多的资料收集与思考，必须逐渐地认知可能的问题是什么(recognize possible problem)，这是科学研究的第一步。

接着，研究者必须收集更多资料，对问题范围做大略的观察，并且设法做些口头或字面的叙述(collect information, observe, and describe)(如果研究者自己都讲不清楚有关问题是怎么一回事时，表示研究者对该问题的初步认知都还未搞清楚，也表示思考得还不够)。

第三步是澄清问题,并且把问题分割成一些小问题(clarify problem, divide into sub-problems)。一个问题一旦进入研究的阶段,在经过思考以后,研究者一定可以把这个问题切割为一些小问题,当问题切割得愈仔细时,日后分析问题的角度就可以愈周全。

第四步是设定假设(hypothesize)。假设的设定就是对研究的变量处理设定一个方向,不仅告知该变量与何种变量有关,还要预测它们会是何种关联,研究就是要证明这些假设是否为真而已。

为了让这些假设得到证实,一定会牵涉到研究概念的演绎(deduce consequence)、研究变量之间关系的预测(make predictions),也因此还需做好实验设计(design experiments),所以概念演绎、关系预测,以及设计实验方式就是研究的第五个步骤。

第六个步骤则是实验的进行、资料的分析、进行每一个假设的测试(experiment,analyze results, test hypothesis)。当第六个步骤逐一完成后,研究者必须把这些研究结果加以整理,看看是否能发展出一套理论,然后将它出版,公之于世(develop theory, publish result),研究到此就算大功告成了。

Babbie(1992)指出,研究计划(research proposal)的元素有:进行问题叙述或设立研究目标、文献综述、样本介绍、测量、资料收集方法、分析、日程规划,以及预算编列等。若请同学参考《社会工作研究法(下)》的最后一章——"论文的写作"时,研究计划其实就是整个论文的前三章:问题叙述、文献综述,以及方法论等,在最后面则把该研究计划需要多少时间,以及多少预算等也编列进去,这样,一个像样的研究计划书或论文的前三章就出炉了。

二、研究的时间与进度

一个研究到底要花多少时间,其实没有标准答案。一般还得根据是什么样的研究、有多少经费、时间是否紧急而定。Leedy(1989), Hawkins(1985)等认为,通常需要一到四个月的时间去确定研究的主题(deciding on a research project),四个月的时间去写好研究计划(writing a research proposal);硕士论文要九个月到一年的时间,博士论文则要两年到三年的时间去收集并分析资料(research work);用两个月到半年的时间专心于论文的写作并完成论文的答辩(completing and defending the thesis)(Beach & Alvager, 1992)。国内硕士班的平均毕业年限在两年半到三年，博士学位可能需要五年以上。论文各个单元所需要的时间大同小异。在校生可依照自己的生涯规划以及个人的家庭或工作状况，来决定论文的大略进度。

三、研究计划书

在学校进修、为了毕业所准备的论文，与毕业以后，为了学术或实务的用途所进行的研究不尽相同。硕博士论文质量牵涉到能否毕业的问题，关键在于指导老师以及答辩委员是否通过。在工作场合中，为了升迁、上级命令、个人嗜好，或实务需求等所做的研究，则主要考虑能否申请到研究经费的问题，关键则在于你所写的研究计划书(research proposal)能否得到支持经费单位的认可。但是硕博士论文也好，向经费支持单位申请的研究计划也好，所面临的共同问题是：如何把研究计划书写好。Babbie(1992)指出，一般的研究计划书应该包括以下的一些内容：

(一) 问题叙述与研究宗旨(problem or objective)

在一些研究中，以分析问题或问题的处理为主要目标，则该计划书的开头应该先把该问题的严重性说清楚，以便让研究的支持单位了解该问题是亟须探讨的，否则受害人口会急剧增多；若研究不是问题取向的，则应交代该研究的主旨或目标；国内政府相关部门的研究方案经常属于此类。

(二) 文献综述(literature review)

文献综述可以说明该问题先前已有多少研究，其结果又如何。文献综述一方面可预防研究工作的重复，避免浪费人力；另一方面更可借研究经验，使研究结果更加精进。

(三) 说明研究的对象是谁(subjects for study)

该过程是对抽样的过程及受访者的背景有所解释。回答要调查谁，调查什么，他们的一般属性有哪些，如何接触这些受访者等问题。该过程需对抽样的过程进行说明，对抽样过程中所面临的困境与问题更应据实以报。

(四) 测量工具(measurement)

研究的主要变量是什么，如何定义这些变量，如何测量，该测量是否与先前研究的测量大同小异，是否抄袭自他们，做了哪些变更……这些细节都应该在研究计划书中交代，而且应该把问卷等放在论文计划书的后面，当作附件供读者参考。

(五)资料收集方法说明(data-collection methods)

研究的资料到底是如何收集的;研究的类型是哪一种;是一般的调查研究,或是实验研究,抑或资料的再次分析研究……把这资料收集的过程详细交代后,读者才能“放心”地阅读研究的分析与报告。

(六)分析方法(analysis)

研究用了哪些方法来分析所获得的资料,是逐步回归抑或单因子变异数分析……把采用这些方法的逻辑与理由也说清楚。若是用质性研究法,则原因又是什么,分析的方法与策略又如何,需对这些问题进行一一说明,因为分析方法的差异可能会使研究的结果有很大的差别。

(七)进度表(schedule)

把整个研究进度列成一个表格,一般通称为甘特图(gante chart)。列出进度表后,可以使经费支持单位了解研究何时可以完成,也可使研究者自己掌握进度。

(八)预算表(budget)

从学术的观点来看,预算表的编列最令研究者头痛;从经费支持单位的角度来看,预算表的编列则最为重要。争执最多的是何种花费应该充裕,何种花费能省就省,研究者与行政者之间会有很大的差距。最令研究者不知所措的是要浮报宽编然后让行政单位去删呢?还是据实以报,该多少就写多少?其实这种事没有标准答案,就看研究者对行政单位的了解程度与准确度而定了。

若说研究很难,不如说研究的规矩很多,你必须按照规矩来做研究。但比较起各个专业,你会发现研究的规矩还算是最少的。说穿了,一旦掌握研究的原则后,你到哪里都行得通。日常生活琐事的处理,可以用到研究法;事业的评估与发展,也是研究法的运用。请读者就耐着性子,去掌握研究法的规矩,你会愈来愈顺手的。

关键名词

简化主义(reductionism):研究者或因过于执着本身的观点与看法,不知不觉中,会过分武断地强化他的研究发现,而且也过分简化一件问题的复杂性,或将复杂的社会现象归因于单一的因素，都有产生解释错误的可能。

同组研究（panel study）：研究相同主题、相同样本在不同时期内的变化情形。

区位谬误（ecological fallacy）：研究的分析单位与研究结果的判断单位有时会有不对称、不一致的现象，而冒昧地下结论，会有解释错误的可能。

族群研究（cohort study）：研究相同主题、特殊族群，在经过一段时间后，其行为或现象的改变，故研究对象来自同一总体，有相同性质，却非原本的样本。

横断性研究（cross-sectional studies）：研究某一特殊定点时间内的社会事实与现象。

纵贯性研究（longitudinal studies）：即资料的收集跨越单一定点时间，而以一段时期来进行。

趋势研究（trend study）：研究社会现象双边与发展的趋势，通常为五年、十年或是更久，所以它是相关主题、不同时间、不同样本的研究，如近十年中移民与死亡率的发展研究。

习　题

1. 你认为社会工作实务者应该做研究吗？它会有什么好处？会有何种限制？如何克服？
2. 实务工作者在社会工作研究中，至少可以扮演哪三种角色？
3. 试述社会工作研究的目的、特质及其功能为何？
4. 试述影响社会工作者进行研究的原因有哪些？
5. 试比较趋势研究、族群研究、同组研究之间的差异？

第二章 理论、概念与变量

摘　要

所谓“研究”，最简单的定义就是要找出两个变量或两个概念之间是什么样的关系（因果也好，关联也罢）。但是变量之间的关系形态，变量与其他变量之间所牵涉的关联层次，却又相当的复杂，所以本章从理论、概念、变量等三部分加以说明。

1. 理论是对某种现象做有系统的解释，理论愈“强”时，它所能解释的范围就愈广。理论的层次当然不一而是，有的是开创型理论，有的只是理论的衍化而已。分析理论在建构时，我们可以从其演绎式的理论和归纳式的理论看出，“理论”与“研究”事实上是一体的两面。即由研究归纳而成的理论、由理论演绎而进行研究，两者都是研究领域中的重要训练，读者更不应忽视其差异所在。
2. 概念是一个被赋予了一些特别语意学意义的词句，可以从想象、经验、专业的法律、规则与其他概念转化而来。
3. 变量是一种特质，可以赋予一个以上的价值。变量是由概念演化而来。从抽象层次来看，概念较抽象，变量则较具体。其中，变量又可分为外加变量、内含变量、中介变量、前道变量、抑制变量、曲解变量等六种，此六种分类都将在本章做详细说明。

第一节　科学知识

研究就是探求科学知识的过程。若不借着研究，我们也可凭着直觉、经验或是观察等，同样很轻易地找到我们所期待的答案。但是光靠人的直觉、经验、观察时，资料经常会有偏差，由此形成的也可能并非科学的知识。

有时候，经过理性的推理过程的研究仍然会犯错，因为可能在推理时，当事者已有太多先入为主的概念与背景存在，会使推理产生偏颇。就算推理的过程相当客观中立，但因时间不多，而草率做结论时，所得的结论也常漏洞百出。有时当事实尚未全部呈现在研究者面前，而研究者就急于做分析或结论时，一样会使推理的过程与结果产生偏差。科学知识需要借严谨的过程、更客观的态度，经过比较与考验，方复可得。

社会工作研究法的目标就是帮助从事社会工作实务的同仁，能顺利地将实务经验转换为科学知识，也使科学知识能落实，能在实务工作中被引用。因此，在探索社会工作与科学知识之间的关系时，我们必须对何谓科学知识有所认识。

一、科学知识的特质

何谓科学？科学从何而来？科学不是最近才被发现的新东西。早期的文献里已经有很好的定义。Wilson（1952）认为“科学始于对自然的观察”。Goldstein（1979）则深信“科学是一种良好的观察，而借着观察，每个问题均将找到答案”。Beveridge（1957）更认为科学应有预测的能力，科学更能解决问题。Baker（1994）则认为科学是在一些变量中建构其模型或寻找其关联的过程，也是确定自变量与因变量之间关系的步骤。整体而言，科学知识或可定义为“借由对自然有组织的观察，探索变量与变量之间的关系，以建构模型、关联及系统知识的过程”。具体而言，科学知识有下列三种特质。

（一）抽象性

所谓“抽象性”，就是可以不受时间与空间的限制（independence of time and space）。在日常生活中，若我们谈论“某人很富有”，是在这个时间、这个地点、针对这个特殊的个体来谈,是属于具体的事实,抽象程度当然不高。但我们谈“收入”两字时,就可以以这个“变量”来形容不同时间、不同空间、不同个体,或是任何时间、任何空间、任何个体的经济状况,所以“收入”比“某人很富有”的抽象性要高。科学知识的累积过程,必须对生活中的种种琐碎事务逐渐予以抽象层次的研究,否则就无法与其他概念产生关联,所以抽象化是科学知识的第一个特质。社会工作的特质是实务性太强,若要社工专业发展愈加稳固,就必须加强抽象化的能力,把具体的实务逐渐形成概念,并建构其理论,当抽象程度愈高时,其涵盖面必然更广。

(二) 互通性

科学知识中所涉及的概念与理论,不是一家之说,更不能各说各话。科学知识中所谈的理论、概念或变量,必须可以被别人了解、接纳(agreement about meaning among relevant scientists),起码相同领域之间的人(或是在相同典范之下探讨新知的人)对该理论、概念、变量也是同样的定义,所以两者可以相通、互动、批判、互补,甚或再予以开发、探讨,以形成不同的概念或理论,此为科学知识的互通性。

(三) 与实证相关

科学知识不能人云亦云,更不可道听途说。科学知识所涉及的种种现象、事物都可以被检验,看是否存在,是如何存在;科学所研究的事物与其他事物是否有关联,如何关联等。科学知识可以拿来与其他验证相比较(can be compared to empirical findings),也因此,这些经过验证、可拿来验证的资料才称为科学知识。

总而言之,科学知识是抽象的,可以互通的,而且是可以被验证的。接下来,我们再从因果的概念中来探讨科学知识的本质。

二、因果关系的三条件

科学知识其实就是证实事件因果关系的过程,“因果”是很重要的概念。Lazarsfeld(1959)指出因果关系的三个条件(Babbie, 1992; Baker, 1994)。

(一) 因与果在时间上有前后关系

从时间方面来说,“因”一定要在“果”之前,是因为有了因,才有果;是因才造成了果,若两者之间的前后次序不清,就不是因果关系。

(二) 因与果彼此之间有关联

"因""果"两者必定彼此关联,且此关联是可被证实的。第一个条件只讲出了前后的次序,但是有前后次序的事件,不一定有关联,可能是其他变量所造成的。所以,要成为因果关系,除了前后关系,还必须相互关联。

(三) 因果关系要能排除不相干的关系

两者之间的相关,必须被证明非由其他因素的影响所造成。因为两个变量之间的关联,很可能是由第三个因素造成的,这个第三因素必须排除,否则不能称为因果关系。所以若要说两件事情有因果关系,必须也能证实这种相关只存在于这两个变量之间。

科学知识就是界定种种变量之间的因果现象,找出什么因素会影响那些因素,当因果的分析愈加清楚时,一些概念将被厘清,事实的说明也将更加明朗。自然科学如此,社会科学或可往这方向去努力。

三、充分因素与必要因素(Babbie, 1992; Hirschi & Selvin, 1973)

把因果关系从或然率的角度来解释时,也必须分辨出何谓必要条件、何谓充分条件。必要因素指某种情况有了"因"以后,必然会产生的影响(effect)。例如:一个人若要怀孕的话,必要条件是必须是个女人,因此女人是怀孕的必要条件。若那个人不是女人,则他便不可能怀孕。在现象的陈述中,我们若能找出这"若不是X……便不可能Y"的叙述时,必要条件就可建立。例如:"若不是大学毕业,就不能申请这份工作",大学学位是找那份工作的必要条件。仍以上例为例,如果有了必要条件还不能保证所期待的结果一定会产生,即不光大学毕业就一定可以找到那份工作,若要得到那份工作必须考试前五名方可,这"前五名"就是找到那份工作的充分条件。充分条件指当某种情况中,有了那个"条件(因)"时,就会有很大的可能性使"影响"也产生。当然若有一个人是大学毕业,考试成绩又在前五名,有了必要条件,又有了充分条件,那他找到工作的可能性就很高了。总而言之,在现象的陈述中,若有了"若不是X……便不可能Y"时X就是产生Y的必要条件的陈述;若是"有了X,便有极大的可能产生Y"时,X便是Y的充分条件。

我们用吸烟与肺癌的关系来解释。吸烟那么不好,为什么世界各国的政府不把烟当毒品来禁?原因是吸烟与肺癌之间的关系尚未达到具备必要条件又是充分条件的境界。我们无法说“只要不吸烟,就肯定不会有肺癌”,问题是很多人不吸烟,却得了肺癌,所以吸烟不是肺癌的必要条件。但是我们可以说“若是你吸烟,就很有可能患肺癌”,所以吸烟与肺癌的关系是充分条件的关系。

当某种社会问题产生时,我们不禁会问,为什么会产生这些问题,如:为何青少年吸毒案件会增加?或离婚率为何“与日俱增”?研究者会找好多变量来解释,并且形成假设,设法去验证,一旦验证成功,有了显著的差异时,研究者不免沾沾自喜,以为有了重大的突破与发现。殊不知,有时两种变量的关系,就算有了因果,也可能是某些充分条件而已,看不出有必要条件的关系存在,这就是为什么社会科学的“科学层次”一直没有自然科学高的原因(我们不必以这种状况为耻,起码告诉我们社会科学还有很大的发展空间)。社会工作者主要以社会问题或社会现象为研究的着眼点,这种充分条件或必要条件的概念也应注意。

四、如何使科学知识更为有用

社会工作是科学也是艺术,社会工作具有其理论,更见于实务工作中。在面对种种与社会工作专业有关的科学知识时,社会工作者应该有使科学知识实务化、使科学知识更为有用的企图与努力。如何使科学知识更为有用呢?有一些方法可供参考。

(一)类别化

把东西(things)组织或归类就是类别化。当我们观察社会现象,分析种种问题,甚或是试图解释发生问题的原因时,最简单有效的科学方法就是将它类别化。当我们观察某种现象时,马上就问自己“这个现象有几种类别?”“它产生了几种问题?”“解决此种问题有哪些方法?”这些都是类别化。其实,类别化的过程很简单,却颇为实用。但是在类别化的过程中,我们必须注意它的条件,一个好的类别化有三个条件。

1. 周延性(exhaustive)

要把东西或事物分类,最重要的是该有的类别是否都涵盖了。例如,若把我国台湾的区域类别化,我们若分为北区与南区时,周延性可能就不足,因为中区就比较难归属,不知要放在北区或是南区,若把中区也加进来(甚至把东区也纳入），如此以北、中、南、东四区来当作区域的类别时，周延性显然较佳（当然澎湖及其他岛屿的归类就必须在定义上说明清楚了）。

2. 互斥性(exclusive)

分类时，我们必须注意类别与类别之间是否彼此不重叠，项目与项目之间彼此互相排斥，此称为互斥性。把区域分为北、中、南、东固然有其周延性，但是各区到底各包括哪些县市则必须厘清。若能事先规划清楚，则这些类别间的互斥性就高。

3. 一致性(consistent)

以区域来说，北、中、南、东四区在概念上是同一个层次，它们在概念上的一致性高，若除了这四区外，又加上一个岛屿当作第五类，那岛屿与其他四区的概念层次就比较不一致，不如用"其他"类来当作第五个项目，如此与其他四区来比较时，还显得较为自然。

（二）预测未来与解释过去

从社会工作实务的眼光来看，科学不是象牙塔，它应该对事物与问题如何发生提出解释，它也应该有能力预测事物与问题的未来，告知大众可能的走向。解释过去时，这些科学知识必然是合乎逻辑的，使公众因此更能了解事情产生的原因，其实这部分归根结底就是因果关系的陈述。预测未来时，并不是未卜先知，科学地预测未来应该符合下列陈述：

"在某种状况中，若改变一个变量，则会导致另外一个变量的改变。"(Under certain conditions a change in one variable is followed by a change in another variable.)

换言之，用科学的知识来解释过去所发生的事，更把科学的概念引用到日常生活当中，指出某种变量的改变（如妇女所受的教育程度愈高），将会导致另外一个变量的改变（如妇女自主性提高，独立能力增加，因此婚姻或家庭方面的决策能力也因而提高）。若解释任何事物时，都能用此因果的方式来陈述，则该陈述必然是有用的知识。

（三）可被了解

很多科学知识极其深奥，但要使科学知识更为有用的话，必须使它能被了解,若科学知识能被了解,甚至很容易被应用到日常生活中时,它的实用性就更高。科学知识需被了解时,须注意其逻辑性,其因、其果、为何如此产生、什么状况产生何种结果等问题都应该被解释清楚,如此其未来的实用性势必增加。此外,当科学知识被用来解释生活中的众多事物时,一定可以发现其普遍存在的法则性,即状况虽各有其异,但是通则却一致,有其轨道与方向可循。任何事物一旦深奥得无法说出因果,则科学性就低,要提高科学性势必就要增强其解释性。

(四)对事件有控制能力

科学之所以成为科学乃在其准确性,科学之所以有其功能,在其对事件有其控制的能力,因为科学了解问题的成因,科学也应能处理问题的后果,因为它了解其重要的相关变量。自然科学的控制能力显然比社会科学要佳,因为人的复杂性,社会互动的交叉性都比自然科学所研究的事物更具挑战性。愈精准的科学,其控制性必然愈高。把人送往外太空,又能在预定的时间、地点,以特定的方式让他回来,必须有准确的科学,这种科学知识当然非常有用。

第二节 理论与典范

一、研究的演绎与归纳

简单地说,理论就是对某种现象做有系统的解释,理论愈“强”(powerful)时,它所能解释的范围就愈广。不同的领域有不同的理论去解释。我们可以说精神分析理论是强势的理论,因为它的解释范围涵盖了人从幼儿到老年的行为,包含了意识与潜意识的探讨,既对正常的行为做分析,也对反常的行为提出合理的解释。

通常,理论是由一些通律(generalizations)组合而成,这个通律在物理科学中被称为“律”(law),在社会科学或可称为命题(proposition)。通律则是对两个或两个以上的现象或事件(events)之间关系的叙述,也因此,通律有预测(predict)的功能(Beach & Alvager, 1992)。例如,智商被证明与小学生的学业成就有关，所以小学学童的智商愈高时，就可以预测他的学业成将会愈好。

根据一般人的了解，“研究”大体上就是我们对某社会问题关心，针对该问题收集资料，进而分析，以发现其事实的过程。为了收集相关的资料，我们针对所欲了解的问题加以操作，并借此设计出问卷，并访问有代表性的样本，将其结果分析、研判，再从其调查的结果做结论，并与其他的研究相比较，看是否可以借之归纳为某些概念，并因此聚之为某种理论，或因此扩充其理论，这种收集资料、分析、研判、理论化的过程就是“归纳”的过程。

从另外一个角度来说，当我们对某种问题有兴趣，并愿意进行研究时，我们必须也从这个问题的理论层面去进行了解，探讨理论如何探索这个现象，理论如何解释这个问题，相关的研究又如何解释这种现象，而把这些理论拿来与我们要研究的问题连贯在一起时，我们必须把这些理论操作化，把理论化为一些概念，再把这些概念转化为一些变量，有了变量以后，就可以设计问卷，并进行研究。这种由理论而概念，由概念而变量的过程则是一种“演绎”的过程。

所以研究法的科学性便在此，它有其演绎性，也有其归纳性，使理论可以落实在实际的事务中，也可以使个体的特质融入理论的洪流里，由图 2－1 中，我们可以看出其关系。

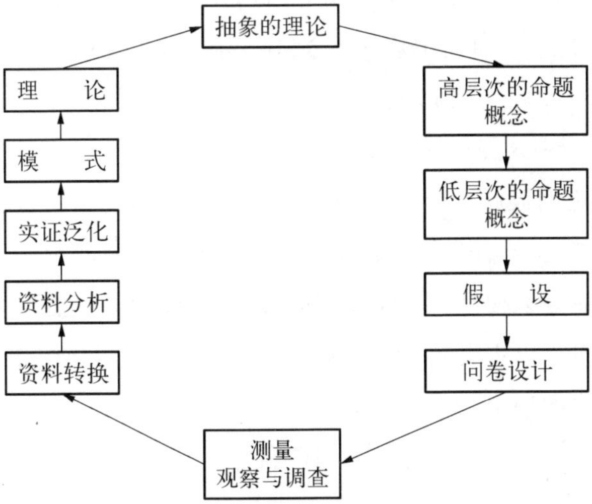

图 2－1　研究的演绎与归纳的本质

资料取材自：Beveridge W I B.，1950；Glock，et al.，1967；Wallace，1971；Baker，1994.

二、理论与命题

研究的起源是对问题的探讨,借着有关该类问题的理论,我们在各种命题中发展出变量,并且对这些变量之间的关系,用各种假设去考验,然后借由实地的资料收集,资料分析,发现某些变量的联结,而且通过统计测试,因而有所发现(findings)。借着更多的研究,对有关的现象有更深、更广的了解时,这些发现之间会产生某些通则,而到较成熟的地步时,某些概念与概念间,或是变量与变量之间的关系会特别显著,而且有概括的方向可寻,这就是所谓的命题(proposition)。一般而言,理论与命题之间的关系如下。

(一) 理论就是由一组命题(proposition)所组成

例如行为主义中的操作行为(operant behavior)理论,这个理论的背后由不少命题衬托而成,如行为的成因命题(form of behavior)、行为的次数命题(rate of behavior)、奖赏命题(reward)、行为增强间隔命题(reinforcement schedule)等,所以我们可以说,操作行为理论可以包括上述种种命题;另一种说法是,有了这些命题才能形成操作行为的理论。由此我们可以发现,形成理论的先决条件是要把这些相关的命题组合在一起。

(二) 这些命题相互关联

命题的组合要使之能成为理论,必须是这些命题彼此相互关联。要讲行为增强间隔的命题必须与奖赏命题有关,奖赏的定义又必须从行为主义中对行为的解释而来,如此一个命题扣紧一个命题,一个概念联系着另一个相关的概念,彼此都有关联时,理论才能形成。

(三) 某些命题是可以证实的

要使命题之间彼此有所关联,最好的方法不是从文字的解释中寻找,也不是从彼此的对谈与辩论中寻找,而是要以实证的方法来证实这些命题的成立。任何人对该理论有兴趣时,都可以以实证的方法来考验这些命题是否为真。若是相关的命题都可以用实证的方法来考验其真实性,这个理论自然而然的也就是一个真实性高的理论。

三、孔恩的典范说

理论到处都是,这些理论也或多或少有一些命题,这些命题也不能说毫无相关，但是我们分析这些命题或研读这些理论时，一定可以发现：他们彼此之间的严谨度不同，影响程度不一，层次与境界也甚有差异。三四十年来，在自然科学界、社会科学界与行为科学界间常被广泛讨论的概念是孔恩（Thomas Kuhn）的典范（Paradigm）说。

孔恩系 1944 年美国哈佛大学物理学博士，曾任麻省理工学院语言学与哲学系洛克菲勒讲座教授，是当代科学史、科学社会学、科学的哲学名家，其大作《科学革命的结构》（*The Structure of Scientific Revolutions*），对典范的优先性、危机与新理论的建构，以及科学史与科学哲学之间的关系等都有所解析。

孔恩在研究生时期偶然得到一个机会，要讲授十七世纪力学的起源。他开始读了一些中世纪物理学的大作（包括当时亚里士多德的物理学），很快的，他就发现当时的物理学理论绝大部分是错误的。问题是这些错误的理论在当时却被奉之为金科玉律，几乎人人采行、信之不渝。所以孔恩认为每个时代的科学理论都不是一成不变的"真理"，科学理论只是在那个时间、那个空间、针对那些问题的解释，它们可称之为那个时期的"典范"。

依孔恩本身对典范所做的定义，典范指的是"公认的科学成就，在某一段时期内，它们对于科学家社群而言，是研究工作所要解决问题的解答的范例"。从这个定义来看，一个被称为典范的理论，它的条件是：(1) 一种公认的科学成就；(2) 在那个专业中，该理论对某种问题提供了解答；(3) 对该问题而言，该理论的解决方式已被公认为是一范例；(4) 典范的作用并不是万古不朽，而是在特定时间之内而已。从这个定义来看，典范虽然不是真理，但却也是一种科学成就，这个科学成就可以在那个专业的某段时期，对种种问题提供解答，这种解答可谓范例或标准答案。

换个方式来说，典范的定义是，"当时所公认的科学成就，在某段时期内，它们对科学家的社群而言，是研究工作所要解决问题与疑难解答的范例，也是在当时进行研究中被公认的科学的基础"（请读者特别注意"当时"两字）。任何在这个社群要做研究的学者，都必须从它的典范着手，经由相同的模式习得这门科学的基础，信守这套相同的研究规则和标准。典范一旦成立，它便限制自己社群内的科学家，与使用别的典范的别的社群相区隔，在研究的问题上亦予以划分，只有自己的科学社群承认的问题，才会鼓励它的成员来研究，其他问题均被排除。

典范并非一成不变。在不同时间与空间中，典范有时无法解释所发生的异常现象。当异常现象愈来愈多，而本来被奉之为金科玉律的典范无法给到令人满意的解释与回答而窘境毕露时,这个典范就会碰到危机。典范一碰到危机当然会力图振作,略加修正以应付新局,此时新的理论、新的解释也会逐渐兴起,但旧典范的修正仍然无法有效解决问题,甚至表现得比新的解释或新的理论还差时,典范就会产生革命,新理论推翻旧理论,新理论逐渐建立新典范。这就是科学的历史,以孔恩的观点来说,科学史事实上就是典范变迁的过程。

四、理论的形式

理论的本质有层次之分,理论的呈现也有形式之别。

(一)从逻辑的推理方向来分

1. 演绎式理论(deductive approach theory)

从一个合乎逻辑但较为抽象的理论或概念开始,逐渐具体化到具体的实证证据当中。研读该理论时,开始一定在很抽象的概念中打转,然后逐渐到具体的实务中。例如宇宙的爆炸论,先从能量的爆炸概念去定义,然后找些具体的天体事实来佐证,此为演绎式理论。

2. 归纳式理论(inductive approach theory)

从仔细观察这个世界的具体实务开始,找出该事物的现象是否有其规则,然后朝向更为抽象的通则、概念或理论前进。例如一个人在街道上往某个方向观望,大概可以逐渐聚集一些人群,找出这类行为现象的通则,或许可以逐步发展出"团体盲目行为"的理论。

(二)从解释社会事实的层次来分

1. 微观层次理论(micro-level theory)

探索微观层次的实相,也就是每日生活细节所能观察得到的个体,在有限的空间、时间与数量层级上所得到的结果。这些概念经常不会很抽象,却很详尽。

2. 宏观层次理论(macro-level theory)

所探讨的是大型的事物、团体,例如社会制度、文化体系,甚或是整个体制的运作,在这种理论中难免会运用较为抽象的概念,理论本身所涵盖的范围、时间、空间等均较庞大。

3. 中观层次理论(mezzo-level theory)

顾名思义是介于微观与宏观之间的理论,说小,但探讨的范畴比微观理论还大，说大，却谈不上是探讨整个大社会的文化与制度。不是评析个体的内心世界，但也不是评述整个文化的制度与运作，可能只是某个社区邻里的某些现象，或可谓之为中观层次的理论。

（三）从理论的结构来区分

林南(1976)在其《社会研究的基础》(*Foundation of Social Research*)一书中指出，理论从其结构而言有三种：聚合式理论(convergent theory)、散发式理论(divergent theory)、因果式理论(causal-effectual theory)。这种分析理论结构的方法与上述理论的形式有异曲同工之处。

1. 聚合式理论(convergent theory)

林南指出这种理论的重点在于它的前提(antecedents)以及每个概念(concept)中的潜在成因(potential cause)，换句话说，这种理论的成立取决于早已存在的某个前提(可能是早经证实或已被广泛接纳的理论)，有关形成这个理论的概念或变量的成因也早已被了解，当研究者把这些有关的前提或概念组合，针对某特定的问题提出说明或论点，甚或形成理论时，我们可以说这是聚合式的理论。

2. 散发式理论(divergent theory)

散发式理论则与命题衍化式的理论(the axiomatic theory)雷同。散发式理论强调其后果和其潜在的影响。它的重点不是前提，不是是否有已经被证实的命题或理论，而是在于前提所造成的后果或影响性。在衍化式的理论中，我们也不是看理论如何组合，而是看理论本身如何形成命题或如何再度的衍化，也因此，理论就可以解释更多实务与现象。

3. 因果结构式理论(causal-effectual structure theory)

此形式的理论不仅重视前提，也重视后果，针对特定的问题与现象做因果式的说明。例如，解释青少年犯罪的原因时，压力理论(strain theory)认为，当一个人合法的需求或欲望没被满足时，青少年就会用非法的手段来完成。控制理论(control theory)认为，当青少年与正规的支持网络的联结不够时，就比较容易造成犯罪(Baker, 1994)。反正有果必有因，有因必有果，这种理论就是因果形式理论(the causal process form)。

（四）从理论的实质程度来区分(Kahmijn, 1991; Neuman, 1997)

1. 实质理论(substantive theory)

实质理论指对某种特定领域的社会关怀发展出来的理论，如研究不良帮派理论或研究种族关系的理论，这些都是针对社会上存在的问题所发展出来的理论，可谓言之有物，而非只是一些抽象的概念或空中楼阁而已。

2. **形式理论**(formal theory)

形式理论指针对某个理论内某个广泛的概念领域做观念上的探讨与分析而发展出来的理论，例如针对何谓“偏差”，或何谓“社会化”，或权力理论等，均为抽象的形式理论，你知道在观念上它们存在，在实质上却又摸不到，这种理论我们称之为形式理论。

五、理论的模式(model)

理论不仅有形式、层次之分，亦有模式之别。Beach 及 Alvoger(1992)对系统与模式均赋以定义，并且将模式分为六个类型。他们认为理论仿佛是一个系统(system)，是由一组元素(elements)或零件(parts)所构成，而借着这些元素之间的规则性互动，可以形成某种功能，并且自成一个单元。模式(model)基本上是系统的呈现(a representation of a system)，要把系统大概表现出来，因为在现实生活中，系统都非常复杂，模式不可能把系统的每一个细节都交代清楚，然而模式却可以让人一目了然，虽然不是巨细靡遗，却也掌握住了整个架构。

(一) 自然科学一般的理论模式有下列六种

1. **叙述模式**(descriptive model)

指整个系统用方块或图形加上一些文字来叙述。

2. **数学模式**(mathematical model)

把整个理论用数学的符号与概念来表达。

3. **实证模式**(empirical model)

只有可观察并被计数的才纳入实验的范围。

4. **理论模式**(theoretical model)

理论模式不仅陈述可直接观察的实证资料，也可以把较抽象的概念做较详尽的叙述。

5. **电脑模式**(computer model)

用电脑程序与语言来陈述某种概念与步骤。

6. **物理模式**(physical model)

把现实生活中的真正物品，用精细比例的方式，并配以图形、文字来说明。

（二）社会科学的理论模式

社会科学理论的呈现方法不尽相同，林南（Lin，1976）则把理论的模式归纳为下列几种。

1. 类别模式（classificatory〔classification〕model）

若理论的呈现特别注重某些现象的价值、类别或等级时，则为类别模式。例如，弗洛伊德把“我”归类为“本我、自我、超我”（id，ego，superego），这三种“我”就是类别模式。这种类别可从概念化的过程（conceptualization）而来（弗洛伊德的三种“我”就是“他”概念化的过程），也可以从实证的观察（empirical observation）而来，例如精神医学中的种种精神症状，都是从临床的观察经验中得知。类别模式理论的好坏，依 Hempel 所指出，有两大条件：互斥性（exclusive）与周延性（exhaustive）。类别与类别之间必须彼此互斥，两个类别之间不能有重叠；概念与概念间应该厘清，不能有灰色地带，此为类别的互斥性。当全部的类别加在一起时，则应该把该现象的所有可能性都涵盖，不可以有遗漏，此即为周延性。

2. 类型模式（typological model）

当我们把两个（或两个以上）的类型交叉分析比对时（cross distribution of two or more concepts），就可以在概念上创造新的类型。例如，依人的财富状况，把人分为富人、穷人；依人的好坏，把人分为好人、坏人。当我们把这两组类别交叉配对分析时，可以创造新的类型（见表 2－1）。

表 2－1　“富人、穷人”与“好人、坏人”的交叉配对分析

	富　人	穷　人
好　人	大善士	安分者
坏　人	恶霸	小混混

依财富状况可分富人与穷人，依品德状况可分好人与坏人，这是简单的2×2的双变量交叉表，却因此可创造出四个类别。在社会科学的研究中，把两个或两个以上的变量，依其互动的功能，有效简单地陈列出来，是很实用的结果。当四种变量而每个变量各有四种类别放在一起交叉分析时，会有更复杂、更丰富的结果。此模式可称之为类型模式。

3. 列联模式（contingency model）

所谓列联（contingency）在字面上的意义是指偶发的不确定的状态。在保险的制度中,则指作为给付对象的事故。在统计上有列联相关(contingency correlation),列联相关系数(contingency coefficient),或列联表。两个变量之间存在着一种函数关系,但在本章中,我们指其理论的"关联性",即从一个理论衍化出来,形成另外一种理论。这种理论大体包括两个以上的概念,该理论并指出这两种概念彼此的关系(如犯罪学中指出环境如何影响青少年犯罪行为);该理论有预测的功能,指出一个变量如何牵动着另外一个变量(在某种状况下,环境如何影响着青少年的犯罪),这种理论的概念之间因此就成立了命题结构的过程。

4. 共变模式(association model)

指在理论内的类别变量之间,有其线性的趋向,不仅指明彼此之间的交叉分布(cross distribution),而且指出各类别观察后的各种可能的共同性,这些概念间有其共变关系,但只限于线性(直行)关系(或正,或负,或 0 的关系而已)。例如国民的年平均收入愈高,离婚率也就愈高,这两个变量是线性的关联,但是年平均收入高到一个地步时,离婚率可能会停滞在一定的程度,这种理论虽然明确地指出两个变量之间的关系是正,或负,或是无关(0),但却不能清楚地告知在多少程度的自变量下一定会造成多少程度的因变量反应,我们可把这类的理论称之为共变模式的理论。

5. 功能模式(functional model)

这种理论不仅能指出两种变量之间的线性关系,更可指出类别或概念间的一对一的关系(for each given value of x, there is one and only one corresponding value of y),我们可以说这两种变量之间是曲线的关系,因为它所指出的不只是一个大致的方向,更是告知每一个曲折点。因此若有一个理论指出社会工作者的工作年限与士气的高低有关联——工作年限愈多,工作士气却愈低(而且经过统计分析,假设也被接纳)。这种理论似乎言之成理,但若再用更精细的统计方法,访问更多的样本时,我们发现结果可能会改变,因为士气低落可能是工作年限在五年之内的才会有这种现象。当社会工作者的工作年限超过五年时,士气不仅没有再低落,反而有略微攀升的现象(请读者注意,以上的叙述非由研究报告所得,仅系作者"举例"供说明之用而已)。用这个例子来分析时,我们可以借此看出理论的功能有所不同,好的(精致的)理论不仅可以大致讲出工作年限与士气之间关系的方向,更能详细指出工作年限与士气之间的关系。因此功能模式的理论其预测能力较强，因为每个自变量的一个层次(level)(如工作年限是三年还是七年)，只能带动因变量的某一个层次(士气的低落或是平稳)。

六、理论与研究之间的关系

分析理论的建构，从其演绎式的理论和归纳式的理论，可以看出，“理论”与“研究”事实上是一体的两面。一般先研究而后形成理论，或是理论后再进行研究来叙述。

(一) 由研究归纳而成的理论(research-then-theory)

该研究可由下列步骤进行：(1) 选择有兴趣的某一现象或问题，并且尽量把此现象的所有特质陈列出来；(2) 使用各种方法(愈多愈好)，对此现象在不同状况中所有的特质予以测量(measure)；(3) 分析所测量的结果，看看是否有“系统的模式”(systematic pattern)现象，值得日后更多的注意，若测量中发现其系统或模式时，表示某些共通的特质业已存在；(4) 若是结果很明显，就把此发现正规化或形式化(formalization)，并用理论的叙述将之陈列出来，一个理论也因此逐渐形成。当然，在测量的过程中要注意，测量的变量不要太多，愈简单愈好。若能在研究中发现一些现象存在显著的因果关系，则理论的准确性与精密性就更高。但是这种情况不易达成，因为社会科学领域中的变量常常很复杂，常会有挂一而漏万的现象产生，因此，说明两个概念间有其关联不难，但要指出其因果关系，则大大不易。从另一个角度来说，若一些现象的因果关系太多、太复杂，要对它们进行系统的分析与解释已相当不易，则理论的简洁性就不高。

在从事由研究而形成理论的过程中，我们必须了解，所形成的理论是自然界中所存在的事实，我们看得到、感受得到，或是能被这种事实影响得到。因而由对这事实所做的研究而得到的理论才是一个有事实为基础的理论，而不纯粹是一些概念无谓的组合。此外，我们更应有警觉的态度；科学知识固然可以被组成一套理论来说明“事实”，但是真正的事实有这么容易就被一些字句所组合的理论来说明清楚吗？我们必须承认，在做研究时，我们无法列出所有与事实有关的变量，也很难周全地考虑所有变量之间的潜在关系，研究的结果固然可借着各种统计的技巧，使研究所列的假设一一得到证实,但是不可否认的,我们的研究与真正的事实之间难免还存在着一些距离。

(二)由理论演绎而进行的研究(theory-than-research)

把一个我们所熟悉、也颇为具体的理论,用衍化的形式,把这个理论转化成概念,甚或用更具体的变量来说明。例如,小团体理论中有"若权力集中,则团体行为会产生一致性"的叙述,可以把这个概念用到家庭的管教方式与亲子关系方面。在概念上,我们把"权力集中"衍化为家庭的管教方式"愈权威化",把"一致性"衍化为"顺服性愈高",所以由小团体理论演绎而成的研究由此而成,该研究的假设如下:家庭管教愈权威化的家庭,其子女对父母的顺服性愈高。这个研究是否能支持原来的理论,不得而知;若研究的结果与原来的理论相符合,那原有的理论就得到更多的支持。我们可以再以"顺服性愈高的子女,其在学校的学业成就愈高"的研究,使原有的小团体理论能扩展到其他领域。我们也可以把管教权威化再与大学生的社会行为的顺服性一起来探讨,若又能得到支持,则该理论的适用性就愈高;若不能得到证实,则该理论就必须予以修正。若这些研究的假设一一得到印证,则这个理论的涵盖层面当然就愈来愈广了。

(三)两种策略的比较

由研究而理论也好,由理论而研究也好,两者都是研究领域中重要的训练,社工同仁一方面不能偏废,另一方面更应知道其不同之处。

1. 不同的假设

由研究而理论是归纳的过程,假设自然界中有真正的事实与真理(real),科学的目的就是要把这些事实与真理找出来。由理论而研究是演绎的过程,认为科学的任务是对真理与现象进行描述,科学家应该把科学的理论落实到日常生活当中,以增加科学的实用性,所以其假设比较重视研究现象的描述。

2. 不同的哲学观

由研究而理论的科学家们无法找出可以测量任何现象的变量,他们也无法在变量与变量之间那么多的可能的关系中,逐一去断定变量与变量之间的因果关系,研究者只选择有兴趣的部分来测量,分析时也只找可能显著的部分,这是"选择真理式"的哲学观。由理论而研究的科学家们,不断地把理论演绎到日常生活事务中，也不断设法从理论中去假设、设法去证实，希望理论的普及面愈广愈好，除非研究得到证实，否则理论就不能衍化与扩充，这是“普及真理式”的哲学观。

3. 效率方面

由研究而理论者：在各类型的研究中，相同的资料可以被整合，而成为一组定律[科学知识或理论有“组合而成定理”的形式（set of laws form）]，因此只要所组成的研究够多，相同性也高时，其彼此之间的整合也较容易，形成理论的速度当然也较快，所以效率也较高。由理论而研究者：可以不断地用一些小型的研究设计，使其应用在不同的生活实务中，借着每个计划的完成使理论扩充、修订或改善，以便在下一个研究中再来测试，不管这类的研究做了多少，我们永远无法知道是否业已完成普及的工作，效率上自不及前者。

第三节 概　　念

一、概念

概念（concept）是一个被赋予一些特别语意学之意义的词句（a concept is a term which has been assigned some specific semantic meaning）（Lin，1976）。Hempel（1952）指出，人必须以某种方式传达他的想法，运用书写的语言是传达与接收信息唯一可以被接受的方式。而这书写的语言则必须被赋予特别的意义，才能达到传达的目的。当我们形容某一事实或现象时，会用一些语词去形容。若是一般泛泛之谈，我们只用通常所用的词汇，而一般人，只要语言相通，就能了解其中的内容。但在专业领域中，各行各业都有其特殊的用词，这些用词都与该专业特殊的概念有关。不同的理论所用的词语也不尽相同，因为不同的理论所衍出的概念也有差异（Lazarsfeld & Rosenberg，1955；Wallace，1971）。

因此当我们用特殊的用词来解释某些现象时，其实就是在用这些概念来叙述现象与事实。概念是具体而微的，是某种意义的象征，它指出现象的本质，也指出行为的特征。概念是构思的一部分,是一个结构,却不能用肉眼直接或间接地观察,因为概念是人类所创造出来的。

二、概念的来源

概念可以由下列一些方式来形成。

(一) 由想象而来的概念

为了有效形容某些比较抽象的事实或现象,我们必须创造一些词语来处理。这些东西可以说是凭空杜撰的,例如,四度空间的“度”(dimension),我们知道这件事观念上言之成理,但在物质上我们无法掌握。职业阶层(rank)也是由想象而来的概念,我们可以在概念上排出职位的高低,这种高低的阶层是存在于观念中,而不是实体上。其他如职业声望(job prestige)或社会经济地位(SES)等,也都是由想象而来的概念。

(二) 由经验而来的概念

实务经验中也会形成概念。例如,实务工作中我们会有“工作满足感”“成就感”“倦怠感”,这些概念均由工作的经验而来。在社会工作处遇的经验中,我们也经常遇到一些难题,例如,案主不一定会与实务工作者配合,所以“案主的顺服性”(compliance)的概念就自然形成。若某种经验是多人所共同体会过的,则概念的形成或被接纳的程度就会愈高。

(三) 由专业的法律、规则而来

在专业中总有较具权威的组织、期刊、协会,或较为世人所尊重的字典、专业手册等,广为会员或该专业有关的人员所使用。某些概念甚至已变成全世界周知的名词,例如弱势群体、族群(minority)这些词,在概念上已是颇为清楚。代沟(generation gap)的概念在最近一二十年也已经变成公认的概念,在专业的文献中也已经有其明确的定义。

(四) 由其他的概念转化而来

例如社会经济地位(SES)这个概念,指一个人在社会上的地位是由其经济与社会地位两个主要的因素所构成的,此概念普遍为大家所接受。但是把这概念应用到实际的场合时,我们会发现社会经济地位有时不能妥善地解释一些状况,例如有人社会地位高,但是经济地位却低(如大学教授);相反地,有人经济地位相当高,社会地位却不被看重(如暴发户),这种经济地位与社会地位不相称的状况就是“地位不一致”(status inconsistency),由此分析,“地位不一致”的概念纯粹是由社会经济地位的概念转化而来。

三、概念间的关系类别

研究的用意经常是去调查变量与变量,或是概念与概念之间的关系。变量之间,或是概念之间的关系类别可以用下列几种形态来说明。

(一) 关联关系与因果关系

两个概念之间虽然“有关”,但是很难断定是哪个概念在影响另一个概念,找不出其时间上的先后次序,也看不出在作用上的因果关系,这种现象是关联,而不是因果。在社会科学中要确定概念之间的因果关系实则颇为不易。再用简单的禁烟问题为例,明知抽烟有害健康,为何不马上禁绝?要做出这种决策,除了以前所谈及的必要条件与充分条件的分析外,我们必须确定一些事:(1) 凡是抽烟的人必然会罹患肺癌;(2) 凡是患有肺癌的人必然是因为他抽了烟。而现今社会中,有些人抽了烟却未罹患肺癌;有些人患有肺癌却未曾抽过烟。因此,纵使我们知道抽烟与肺癌之间有关联,却不能断定抽烟是因、肺癌是果。所以抽烟与肺癌之间仍是关联的关系,而不是因果关系。此外,在婚姻问题中,我们发现夫妻沟通不良会影响婚姻的品质,仿佛夫妻沟通不良是因,婚姻品质差必然是果。却也有婚姻品质差是因,沟通不良才是果的说法出现,这两种说法都有其论点,也有其佐证,因此莫衷一是。所以沟通与婚姻品质这两个变量之间,我们最好说有其关联,而不要太肯定地说是有因果。因果关系的定义是:当某个概念有了某方向的改变时,必然会使另一个概念做某一方向的改变(causal relation: change is one concept in a certain direction cause a change in another concept in a certain direction)。在自然科学的实验室中,找出两个元素之间的因果或许不难,但在社会科学中,找出两个概念间的因果关系会是较大的挑战。

(二) 因果关系与关联关系两者间的种种变异困惑

概念与概念之间,不管是因果或是关联,有时看似单纯,详细分析时,却会变得很复杂,会造成我们的困惑。

1. A→B(不同学校社工系学生→对社工职业会有不同的选择)

2. A→B→C(不同学校社工系学生→不同职业选择→就业士气高低不同)

3. A→C→B(不同学校社工系学生→就业士气高低不同→不同职业选择)

4. A、C→B 如 不同学校社工系学生、就业士气→不同职业选择

是 A 与 C 共同影响 B，A 与 C 之间彼此没有前后的因果关系

5. A、C→D→B 如 不同学校社工系学生、就业士气→专业顺服程度→不同职业选择

6. A、C→B→D 如 不同学校社工系学生、就业士气→不同职业→专业顺服程度

从以上不同学校的社工教育训练、就业士气与不同职业选择和专业顺服程度之间的关系来看，若考虑详尽时，各种可能的关系就会一一出现，有的是关联性的，有的却是因果性的，可见社会科学的复杂性高，挑战性也大，值得我们再接再厉。

第四节　变量及其类别

一、变量的来源与定义

变量(variables)是一种特质，可以赋有一个以上的价值。变量是由概念演化而来。从抽象层次来看，概念较抽象，变量则较具体。虽然很多时候，在某个研究的变量是另外一个研究的概念，很难具体地定义哪些属于概念，哪些属于变量，但是变量的重要特质是：它可以赋有一个以上的价值。以“教育程度”的变量为例，教育程度可拥有不识字、小学、初中、高中、大学、研究生以上等价值(value)(或可称水平 level)。

若要测量某种概念或观察某种概念所叙述的现象，如疏离感(alienation)，我们必须把概念化为变量，如 Nachmias(2001)在对疏离感所做的研究中，把疏离感这个概念定义为：(1) 无力感(预期自己的行为将无法影响结果)；(2) 无意义感(认为无法理解周遭的决定或事件)；(3) 无规范感(预期必须采取他人无法接受的行为)；(4) 隔离感(因拒绝社会所设定的目标而有孤立

感);(5) 自我否定感(否定一般社会对自我所界定的形象)等。因此当他要测量疏离感时,就根据所演化出来的五个变量,每个变量再设计一些题目,组合成一个问卷进行调查研究。当他再把这些变量设法测量时,这就是操作化的过程。

如无力感可用意见表达被采纳的程度、参与决策的机会的多少、执行政策与贯彻政策的可行性高低等题目来测量。当该概念的每个变量都被测量,而且可以量化为一些分数或数字时,就可以进行问卷调查这一步骤了。

二、变量的类别

从研究的角度来看,变量主要分成自变量、因变量与控制变量等三大类。

(一) 自变量(independent variable)

或可称为解释变量(explanatory variable)或预测变量(predictor variable)。因为所有的研究都是去探讨自变量到底对因变量产生何种作用,所以自变量又称为解释变量。而自变量与因变量的关系明确,方向清楚时,有多少 X,就可以预估 Y 会变成什么样子,所以自变量亦可称为预测变量。

(二) 因变量(dependent variable)

因变量顾名思义是"依"着自变量而来,亦可称之为准则变量(criterion),因为因变量的变化完全靠着自变量的变化而定,因变量本身没有自己变化的能力,而变化的方向与强度也是因着自变量的方向与强度而定,故也称之为准则变量。

(三) 控制变量(control variable)

在实证研究中,因变量所产生的变化并不全然可归因于自变量,自变量与因变量的关系可能是虚假的(spurious relationship),因变量所产生的变化除了自变量的作用以外,可能还有别的变量,所以科学家便采用控制变量来降低过分夸大自变量解析能力的风险。换言之,在确定自变量对因变量到底产生多少影响以前,所有其他变量的影响都应当被控制或消除。比起自然科学的研究,社会科学研究最大的难题便是这些控制变量的难以掌握,一方面你不知道到底有多少该控制的变量;另一方面,就算你知道,有很多应该控制的变量你也无从控制,因此社会科学研究者应该用更谦虚的心态来解释从研究中所得到的种种发现。

（四）连续变量(continuous variable)与间断变量(discrete variable)

当变量没有最小的单位量，亦无最大单位量的限制，或无明显的切割点时便为连续变量。例如长度，从它的最小量到最大量几乎是无法计数的，它的本质亦是无法切割分段的(纳米时代的来临，长度或厚度之间的“小”，几乎无法明定)，此为连续变量。反之，若变量有最小量或最大量的限制，而且可以明显切割者，则为间断变量。如以家庭的子女数为变量来考量时，有的家庭子女数是0，但你不能说有0.6个；有的家庭子女众多，十几二十几个，但你不能说有上百上千个，此即为间断变量。

三、Rosenberg的分类

有关变量的研究，Rosenberg在其《调查分析的逻辑》一书中，有极其详尽的分析与杰出的贡献。

（一）外加变量(extraneous variable)

1. 定义

表面上看似自变量X，造成了因变量Y。事实上是由于Z变量加入，使原本X、Y关系不存在。真正造成Y变量的是Z变量，此Z变量为外加变量。

2. 图形

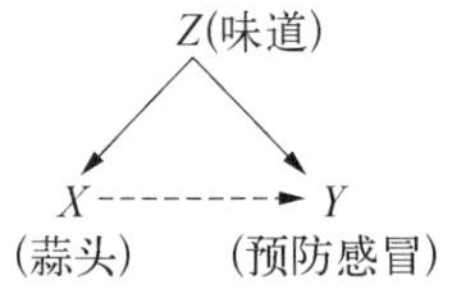

3. 例子

若有人说蒜头(X)可以预防感冒(Y)，其实真正的原因是蒜头产生了味道(Z)，使别人不敢接近，因而可以预防感冒。所以真正预防感冒的因素是味道(Z)，而不是蒜头(X)。

（二）内含变量(component variable)

1. 定义

在一个复杂且具涵盖性的自变量中，对于影响Y变量最具决定性要素的称为内含变量。

2. 图形

X （低阶层）
X_1 （低教育水准）
X_2 （低收入）
X_3 （不良生活习惯）
→ Y（精神疾病）

3. 例子

造成精神疾病的因素很多，有低阶层、低教育水准、低收入或不良生活习惯等因素。在这些因素中，若我们发现低阶层的因素乃为主因（因为低阶层变量可以涵盖以上所列各种因素），则我们可以称低阶层的变量为内含变量。

（三）中介变量（intervening variable）

1. 定义

Z 变量是 X 变量的结果，是 Y 变量的因。此 X、Y、Z 三者有非对称关系。控制 Z 后，X、Y 的关系消失，则 Z 为中介变量。

2. 图形

$X \longrightarrow Z \longrightarrow Y$

宗教⟶整合⟶自杀率

3. 例子

以涂尔干的自杀研究为例，一般以为基督徒比天主教徒有更高的自杀率，因此以为不同的宗教（X）与自杀率（Y）有关，其实真正影响自杀的主要因素不是宗教派别，而是其整合的程度。天主教徒生活上的整合程度较基督教更高，也因此造成不同的自杀率，所以整合程度（Z）为中介变量。

（四）前道变量（antecedent variable）

1. 定义

前道变量的主要作用是要找出因果关系的次序。前道变量是一个真正有效的影响力，它并非使自变量与因变量的关系消失，而是澄清先于这个关系的一些影响力。Z 变量真正有效的影响力并非使 X 与 Y 的关系消失，而是澄清先前的 X、Y 关系的影响力。

2. 图形

$Z \longrightarrow X \longrightarrow Y$

父亲阶层⟶个人教育⟶个人政治知识

3. 例子

一般都以为个人的教育程度(X)会影响该人的政治知识(Y)。但是个人的教育程度(在欧洲)可能深深地受到父亲阶层的影响,是父亲阶层(Z)决定了该人的教育,然后才影响了该人的政治知识。当然我们也会再追问下去,那父亲阶层又是受何种因素影响……可能又会有一个前道变量存在。

(五) 抑制变量(suppressor variable)

1. 定义

抑制变量是指那些能减弱一种关系,隐藏其真正力量的变量。在一项分析调查时,由于存在着某种变量的效应,而使原来存在的关系无法明显,甚至消失,是因为这变量考虑进去,使得真正的关系无法出现,此种变量便是抑制变量。

2. 图形

$$\frac{X}{Z} \longrightarrow Y$$

$$X \longrightarrow Y$$

3. 例子

调查得知种族(X)与文化疏离(Y)无关,这是受教育(Z)这个抑制变量影响的结果。若我们把教育变量控制好时(如从相同的教育程度的样本中去比较他们的种族背景与文化疏离之间的关系),就可以发现种族与文化疏离其实是有关联的。

(六) 曲解变量(distorter variable)

1. 定义

一个曲解变量可以使我们知道正确的解释恰恰是原始资料所提供的反面,亦即由于在原来的分析下,加入曲解变量的考虑,使得原来的正向(负向)关系变成负向(正向)关系。

2. 图形

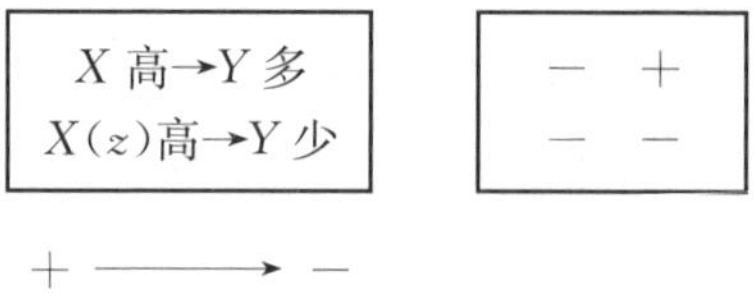

3. 例子

若婚姻状况(X)与自杀(Y)有关联,已婚的人自杀率较高。但经过仔细分析，可能是由于年龄（Z）这个因素曲解了 X 与 Y 的关系。若有人说已婚的人自杀率较高，而且结婚年数愈多，自杀率就愈高。但仔细分析以后，发现是年龄的因素在作怪，因此控制年龄因素以后，已婚者的自杀率反而比未婚者要低。

第五节　结　　论

所谓“研究”，最简单的定义就是要找出两个变量或两个概念之间是什么样的关系，因果也好，关联也罢。但是变量之间的关系形态，变量与其他变量之间所牵涉的关联层次，却又是相当的复杂，所谓研究的能力不仅是把两个变量之间的关系做个定位，更是对周遭变量的控制与处理（在现实社会中这是相当不容易的事，因为社会科学的准确度不如自然科学的准确度高，若把本来就不清楚的东西硬说得那么清楚，其实也是谬误）。社工是助人的专业，助人之前更应该把因素与因素之间存在的相关性确定清楚，否则便无法有效地进行协助与辅导。

关键名词

中介变量（intervening variable）：Z 变量是 X 变量的结果，是 Y 变量的因。此 X、Y、Z 三者确有非对称关系。控制 Z 后，X、Y 的关系消失，则 Z 为中介变量。

内含变量（component variable）：在一个复杂且具涵盖性的自变量中，对于影响 Y 变量最具决定性要素的称为内含变量。

外加变量（extraneous variable）：表面上看似自变量 X 造成了因变量 Y。事实上是由于 Z 变量的加入，使原本 X 与 Y 的关系不复存在。真正造成 Y 变量的是 Z 变量，此 Z 变量为外加变量。

曲解变量（distorter variable）：一个曲解变量可以使我们知道正确的解释恰恰是原始资料所提供的反面，亦即由于在原来的分析下，加入曲解变量的考虑，使得原来的正向（负向）关系变成负向（正向）关系。

抑制变量（suppressor variable）：抑制变量是那些能减弱一种关系，隐藏其真正力量的变量。在一项分析调查时,由于存在着某种变量的效应,而使得原来存在的关系无法明显,甚至消失,是因为这变量考虑进去,使得真正的关系无法出现,此种变量便是抑制变量。

典范(paradigm):是一种公认的科学成就,在某一段时期内,它们对于科学家而言,是研究工作所要解决问题解答的范例。

前道变量(antecedent variable):前道变量的主要作用是找出因果关系的次序。前道变量乃是一个真正有效的影响力,它并非使自变量与因变量的关系消失,而是澄清先于这个关系的一些影响力。Z 变量真正有效的影响力并非使 X 与 Y 的关系消失,而是澄清先前的 X、Y 关系的影响力。

理论(theory):由一组交互关联的概念、命题所组成,借着确定变量之间的关系,以对现象做出系统的解释。

概念(concept):是一个被赋予一些特别语义学之意义的词句。

变量(variable):依不同数值或类别出现或变动的一种属性。

习题

1. 若把"工作压力"当作是一个概念(concept),请依据此一项概念发展出三个(或以上)的变量(variable)。
2. 试述理论、概念与变量的含义,并说明三者的关联。
3. 试解释"典范"的意义?
4. 何谓外加变量、内含变量、中介变量、曲解变量?并分别举例说明之。
5. 试述概念的种类及在社会工作研究上的判断标准?
6. 试述概念的意义、功能及主要来源?
7. 科学研究中的因果关系,通常有哪三种基本评断的准则?
8. 何谓充分条件?何谓必要条件?试举例说明之。
9. 在设计每个变量时,使其妥善分类,应注意哪些问题?

第三章 问题叙述与假设

摘　要

做好研究，是否有适合的主题相当重要，一般而言，研究主题的来源不外乎下列几种：个人的兴趣，生活中的日常事务、困扰事务，生活经验的研究，研究资料的启发，他人的研究资料……都可以是研究的主题。而在确定研究的主题后，再试着参考一些研究的相关指标，从研究的现实面加以考量，并从中观察、讨论、收集资料、澄清问题，以解决问题。

在进行"问题叙述"的写作时，应指出该事的重要性、强调问题的严重性、厘清研究的宗旨与目标、把研究用问题的格式写出，并指明所要寻求的答案是什么？读者也要注意问题叙述好坏的判断标准，才能撰写出更好的问题叙述。

此外，不宜忽略研究假设的功能、形式、优劣标准等。这些都将在本章中加以介绍。

要进行研究，当然先要确定研究什么？研究必须有个主题，研究者才可以在这个主题中集中注意力，汇集全部精神探讨它、分析它、了解它的前因后果、并确定它与各类事物之间的关系。但是，研究的目标是探索真相，它的研究范围不是愈大愈好，研究的项目也不是愈多愈妙，它必须恰到好处。换言之，要做好研究，是否有合适的主题相当重要。

第一节　如何寻找研究主题

一般而言，研究主题的来源，不外乎下列几种。

一、个人的兴趣使然

实务工作者虽然都是一样受社会工作的正规训练，但是每个人的嗜好不同、特质不同、感受互异，对所认为有趣的人、事、物，也都会有彼此之间的差异。有些人偏好儿童福利，有些人偏好老人安养；有些人对残障福利刻骨铭心，有的人则只对妇女的成长与"解放"有兴趣。这些人与人彼此之间特长与兴趣的不同，正是上天给我们最好的礼物，使研究者能各自发挥所长，彼此互补、互通，而使专业更加周全与完备。这也是每个研究者的责任，必须把他最擅长的、感受比别人深刻的才华施展出来。研究多少都会碰到难题，而克服难题时最重要的力量来源，经常是因为当事者对那个主题有浓厚的兴趣，所以研究者最好在自己喜欢的主题上下功夫。

二、对生活中日常事务的研究

实务工作者每天面对个案，每天处理问题，也难免因为日久成习，把很多事视为理所当然。一个心智敏锐的社会工作者除了每天忙碌着各种个案的处理以外，也应该对其周遭的事务付出一些关怀，把最常见的事务理出一些头绪。这样可以使生活中的事务有条有理、不致紊乱，更能使实务与理论之间有所关联，不致在实务工作中知其然，而不知其所以然。这种生活态度可以避免职业的困倦，也可以成为进行研究的主要动力。

三、对生活中困扰事务的研究

生活中有什么困扰？社工实务中面临到哪些难题？理论的应用中哪些与事实不大吻合？国外的研究结果中，哪些似乎与国情格格不入？这些问题与困扰都是实务工作者要进行研究时的好题材。若是实务工作者对所面临的问题，不失其敏感的心，并且锲而不舍地去思考、去研究，假以时日，一定会有重大的发现或突破。这不仅对日后实务工作的改进有很大的帮助,也必定对社工专业的内涵有所贡献。

四、主要的生活经验是什么

工作者的实务经验,不应如落花流水随着时间而消失。实务工作者的经验应该被叙述、被归类、被了解、被讨论,甚至被批评。若不如此,实务工作者实务上所面临的问题将会不断地重复,实务的内涵也将很难有所进展,实务的品质更无法提升。不同的工作经验会有不同的研究灵感,从另一个角度来看,经验的长短也会使实务工作者获得不同的研究心得。"前事不忘,后事之师",有了研究,实务工作者的血汗才不会被无谓的浪费。

五、研究资料的启发

详读别人的研究资料,更是我们寻找研究题目的重要来源。在正规的研究报告中,作者在苦心地完成研究、艰难地写出研究发现时,按照"规矩",他都会把研究的限制讲清楚,坦白叙述他的研究不足之处。他也会打铁趁热地在研究报告的讨论与建议部分,善意地告诉对这个题目有兴趣的研究者如何再进行这类的研究。研究者对业已付印的资料,如学术性的期刊、杂志、新闻专栏或书本等,可以从不同的作者如何设计他的研究,如何衡量他的概念与变量得到一些灵感。其他如别人正在进行中的研究计划也是研究题目的来源之一,研究者可以观察别人如何探索问题,如何厘清理念,从而对自己的研究有所帮助。所以各类的学术会议、官方或私人所收集的资料(尤其是人口统计资料),或杰出研究论文的附录资料等,都是帮助我们拟订研究题目的重要资源。

六、他人的研究资料亦可以是研究的主题

有时候,别人所做过的研究,我们也可以拿来再使用。有些研究的题目本身就已经很复杂,能用的资料也很丰富,可以分析的角度也不局限于一隅,研究者可以借着不同的分析方法,重新得到很好的发现。例如,某些题目可以用再次分析法或内容分析法,重新予以分析,也可以成为很好的研究。不同的研究者,因为使用不同的研究方法,不同的分析角度,就算是用了相同的资料,也可能会有不同的结果。其他如历史分析法、非干扰性分析法等,也可以使被研究

过的资料以另一种面貌来展现。

第二节　如何确定研究主题

经过上述的阶段，我们找到一个似乎可以进行研究的主题（方向）后，有一些细节仍然需要注意，免得在进行研究时又到处碰壁，考量过这些因素后，研究的主题方可确定。

一、参考一些研究的相关指标

首先，要注意研究主题的可行性。很多时候，很多好题目，却不大适合做研究。例如“雏妓的心态调查”这个题目，新鲜度足、挑战性高，但是现实的问题是如何找到这些个案？如何得到这些个案的合作？如何了解到她们的心声？例如“外籍留学生的生活适应研究”，题目虽然符合社会需要，但是语言问题如何克服？调查人员如何训练？这些现实问题都应该事先予以解决。否则，题目好但却无法进行，则研究的可行性就低。

其次，研究主题是否反映了自己的兴趣。若是研究者只贪图题目好做，或只为了服从指导教授的心意，而勉强进行一项与自己的兴趣完全不符的题目，那研究者不仅研究的过程会有气无力，碰到障碍无法克服，更严重的是对现象不敏感，有时明明是很好的资料，只因本身兴趣不浓，很草率地就做结论，甚至于还以行外人的角度在说明，完全浪费了研究的资源。

再者，研究主题应能增进对社会的了解。研究应有其作用与功能，它对现象的了解有助益，或对案主的福利有帮助，或对专业的水准能提升……这种研究态度虽然“崇高”得使研究者望之却步，但也是激励研究者排除万难时的力量来源。当这些功能愈清楚地被研究者所了解时，那研究的过程一定会生机勃勃，充满使命感。

二、从研究的现实面去考量

当研究题目的选择已经考虑到本身的兴趣、可行性、功能性及其他的环境因素时，我们还需考虑研究的自主性如何。若是自主性不高，例如研究的样本来源不清楚,或每个个案都要经过很复杂的手续才能获得,那样本来源的自主性就不高。又如研究经费的使用不方便,项目资金支持单位掌控太严,甚至还干涉研究的设计与结果的分析时,这种研究便处处仰人鼻息,做起来会很辛苦。此外,自己是不是能把问题说得很清楚也颇为重要。很多时候,研究者以为自己懂,却又说不出所以然(或是不能用浅显的语言把理念说清楚),这代表他其实在概念上仍然不是很清楚;或有时自己懂,但是别人却很难理解(连自己的指导教授都搞不清楚时,那就不要太肯定是别人智商不够,应该是自己在理念上仍然还有很多不合乎逻辑的地方)。以上所谈都是研究预备阶段中容易遇见的“现实问题”,虽然烦琐,却仍应注意。

三、要有与别人讨论的空间与训练

研究题目的拟订过程中,研究者应尽量避免一厢情愿。若是别人认为你的研究假设很怪异又不易了解时,研究者应该自我反省,不能责怪别人理念不清(除非研究的步骤一步一步都与你特异的假设不谋而合)。学术界常用的方法就是把你研究的初步假设拿出来,与同学们或老师讨论。研究与讨论是科学方法中的第0期阶段(step number zero),在此阶段中,学生应与同学、师长广泛接触,不仅讨论主题,也应该讨论类似范围的主题。勇敢地把自己的理念说出来,听听别人的看法,不管这些意见中听或不中听。所谓讨论,不光指尊重别人的意见,自己也应该有能力去为自己的理念辩护,并且设法反驳不同的意见,为的不是谁赢谁输的面子问题,为的是日后的研究是否能顺利进行。有道是:进行研究前多讨论,免得论文答辩时多争论。借着与他人的讨论,有关研究的问题与挑战会逐一呈现,研究者此时关键在于是否有智慧去确定问题可以克服,或是决定必须赶快放弃。若再加上经费与时间的考量后,所做出来的决定必然更正确。

四、进行初步的主题文献探索

为了提高研究水准并减少研究过程中问题的产生,题目选定以后,研究者最好能到图书馆做初步的主题文献探索(图书馆内的文献综述随时随地都要进行,但主题文献探索是指针对主题做文献的确认)。图书馆内对我们所要研究的主题而言,最有直接帮助的,莫过于近期内别人所研究过的论文,与国内外的期刊文章。各校的博士、硕士论文的研读，不仅可以让我们很快地得到有用的相关资料，更重要地，可以使我们的论文主题不与别人所做过的发生重复。近年来，由于网络的发达，我们可以使用到国内外最新、最全的资料，社会工作同仁应该好好使用。另外，专业光碟资料的应用也颇为有效，图书馆应已购买此些光碟，若有同一性质、主题的光碟，可以使我们在很短的时间内得到所需要的资料。若这些基本的资料都难以找到时，固然可以高兴我们将成为那个主题的开创者，但更值得担心的是这个研究将会走得异常辛苦，因为根本就没有资料可佐证，或所研究的主题根本不属于社会工作专业的研究。以防万一，不妨去看看美国社会工作辞典(最好是近期的)，若连辞典都看不到你的主题，找不到些许帮助的话，是否仍然坚持进行此主题的研究，就要三思了。

五、接触相关人士

任何主题，总有相关或较为杰出的人可以请教，对该主题最有钻研的研究者、教授或研究生等。研究者除了研读他们的书面资料以外，若能当面请教或请求提供较好的资料，亦是研究者谦虚、实在的研究态度的证明。对某些非常态性的主题，如同性恋研究、雏妓研究、赌博者心态分析等，研究者多少都必须与其圈内人有所接触，这样不仅可以因此抓住研究方向，更可较为顺利地找到可调查的样本。其他，在同事或同学中也有很多人才可以给我们非常具体的帮助。有时，研究者无法突破的理念或障碍，可能会因为第三者不经意说出的意见(或脑力激荡)而豁然开朗，这种经历不是没有。所以，研究者有时也可邀请一些头脑灵光的伙伴，请其共同构思，并请其批判、评论，对研究亦会有实质的帮助。

六、最后的确认(是否 researchable 的考量)

研究到了这个阶段，研究者对于所钟爱的主题是否能进行研究(researchable)大概已胸有成竹。Baker(1994)指出，要把一个主题变成可研究的问题时，要有四个考虑：(1) 思考主题的问题所在，在进行研究之前总该先预估困难与麻烦是什么；(2) 再次确定主要目标，很多时候，研究者会有见树不见林的现象产生；(3) 用一连串问题的方式把研究的主题叙述一下，研究问题问得愈细,而且可以一一回答时,研究的可行性就愈高;(4) 用假设的方式来整理问题的范围。如果这四个考虑都做了,而且顺理成章地就可以叙述出来时,那该主题应该就是“可研究”的主题。

Beach 及 Alvager(1992)则从反面的方式来判定该主题值不值得做。他认为基本的判断原则是,“当研究者不需任何的心智努力(mental struggle)就可以让事实显示其真相或意义时,就不必做研究”。例如,我们不必为“太阳是从哪方升起”而做研究,我们也不必为“经济收入与生活成就感之间的相关”太伤脑筋,因为事实与真相都非常清楚,不必为做研究而做研究,用常识去判断就可以找出答案。一个问题若要成为“可研究”的主题,应该是经由其对所收集资料的分析与解释,可以发现某种新的现象或意义,这种发现,对社会与该学术领域都将成为一种贡献。

第三节 研究主题与理论的联结

当变量的概念订立以后,概念背后的理论也因此可以水到渠成。例如,夫妻冲突的变量可以以两性冲突为其概念,背后的理论则可以为角色理论。“身体虐待”这个变量,可以以“肢体控制”为其概念,其理论则可能为“控制理论”等。在研究的过程中,为研究的自变量与因变量找到概念与理论,最大的好处是使整个研究脉络相承,不致支离破碎,文献的写作也会因此环环相扣,研究的架构与体系也就更加完整了。

由变量而概念,由概念而理论的过程,事实上,是演绎、归纳或假定的运作过程。上述由“夫妻冲突”这个变量、“两性冲突”的概念、“角色冲突”的理论是归纳的过程。由“受虐妇女”的变量进而为“控制理论”的过程也是归纳。反过来,用演绎的过程也可以使研究达到同样的境界。其步骤如下。

一、拟订理论

研究者可以先找出一个自己感兴趣的理论,从理论去演绎,再与真实的情况做一比较。例如若研究者对“认同”这个概念(或可当作理论)有兴趣,他想知道社会工作者对“行为改变模式”的认同程度是否会影响他的专业工作表现,就是从理论去演绎的过程。

二、把理论操作化或演绎为一些叙述或前提

第一前提：改变案主的行为需要专业，需使用某些改变技巧。

第二前提：社会工作者的价值观念若与技巧的理念不同（如社会工作者本身不喜欢行为改变模式的论点），则在专业的服务过程中会产生不一致（inconsistence）的感觉。

第三前提：不一致会产生负面态度。

第四前提：专业服务不一致性愈高的人，专业的满足度愈低。研究者若把理论演绎到这种地步，一个研究的题目很快就可以浮现了。他可以由专业认同程度这个仍然颇为抽象的理论或概念，演绎为较为具体的前提，如：

> 社会工作者的价值若不确认专业的改变模式时，在专业服务的过程中，会感到矛盾或不一致，这种矛盾或不一致，会造成他对专业的负面态度。

或直接由价值跳到负面态度，如：

> 社会工作者的价值和主要理念不同时，会对专业产生负面态度，负面态度愈高，工作的满意度愈低。

在研究主题的确认过程中，若能与理论做最好的联结，则研究结果必然会融入理论的洪流中，如此对社会工作的学术才算有所贡献，否则研究会沦为只是为了拿到学位所必须交的“作业”而已。研究结果不管是从理论来，或是从实务经验来，必然要回到理论中去，如此社会工作的内涵才能提升，社会工作的广度才能增进。

第四节　进行“问题叙述”的写作

当研究者心目中已经大致确定所要研究的范围与方向，题目也颇为清楚，

甚至可以用疑问句的方式陈述时,研究的工作马上就可以着手进行,而第一项要务就是写好研究的第一章——问题叙述。

国内有些研究的第一章是以"研究宗旨"或"研究缘由"的方式陈列,但依国际学术界的习惯,仍以问题叙述为主。而问题叙述的写作方法,亦有下列一些原则可供参考。

一、指出研究该主题的重要性

在前面的预备阶段中,我们已对问题的方向、可研究的范围、有关该问题最主要的变量等做了一些初步的探讨,虽然还未正式叙述。所以以该问题的重要性来当作问题叙述的开始,从逻辑上来看是理所当然的。例如,若以"低收入户对社保的认知与态度"为研究主题时,开宗明义地以社保的重要性,该社保制度在历史上的独创性,或照顾低收入户的急迫性来当作问题叙述的开头,应是非常自然的写法(Beach & Alvager, 1992)。

二、强调该问题的严重性

问题既然重要,顺理成章地,研究者应该把为何做此研究的原委说明清楚,亦即指出该问题相当严重,非赶快做好研究以便尽快解决问题不可。而强调问题的严重性最有效的方法,就是用数字来呈现,若能在数据上指明问题有多严重,有多少人受害,损失有多大,对社会影响有多么恶劣,受害的当事者又有多可怜,而目前的研究又有多不足等,就可以使研究的必要性增加。因为问题若既不重要,也不严重时,那何苦需要辛辛苦苦地去做研究呢?所以,研究者的责任,就是要说服大家同意进行此研究的必要性。至于所谓的"数据",以值得信赖的机构所发布的数据为宜,而且最好是近期的资料(一两年之内的),否则说服性便会降低。

三、厘清研究的宗旨与目标

某些研究的重点或许不在问题,而在它的宗旨与目标,尤其是官方机构所委托的研究,须把研究的宗旨与目标说明清楚。"目标与宗旨"的叙述不应是官样文章,虚应了事,而应该妥加着墨。目标与宗旨的陈述必须反映研究的方向,指出可能达到的效果,对问题的处理过程,以及在实务上所可能得到的好处与帮助等。

四、把研究用问题的格式写出,并指明所要寻求的答案是什么

在题目几乎可以确定后,研究者下个步骤就是把研究的主题,用问题叙述的方式陈列出来,如此才能把研究的方向厘清。研究者的概念再清楚,却无法用问题的方式一问一答地讲清楚时,显然就是主题仍然模糊,尚无法马上设计研究假设,无法进行研究。例如,我们想做儿童被虐待的研究,认为儿童被虐待的施虐者可能与其本身的受虐经验有关,在这主题似乎已相当明确的研究题目中,我们的问题叙述可能如下:

"虐待子女的父母是否因为本身在幼时亦曾被父母施虐过?因此他们在养育自己的子女时,亦会用以前被虐待的经验来处理与自己子女的问题。"本研究将要探讨本身在幼时曾被施虐的父母亲,在教养子女时,是否比一般未被施虐的父母更会用虐待的方式为之……

五、问题叙述的写作

问题叙述一般而言都是在论文的第一章——绪言(introduction)的前半段,后半段则为文献综述(literature review)(有的论文写作则习惯把问题叙述或研究宗旨与目标当作第一章,而把文献综述当作第二章)。问题叙述的好坏可从下列一些标准来判断。

(一)问题叙述是否清楚

好的问题叙述会把问题的主要变量做很简明扼要的交代,让读者一目了然地知道这个研究的大致架构,对变量与变量间的关系也能了解其大概。此外,研究者也应当把问题的来龙去脉"点"出其关键,讲明其严重性,说出其研究的原委。

(二)该问题是否可以被处置、考验

以儿童被虐待这个范畴为例,一般人都知道(或多少能预测出来),调查施虐父母他们的童年是否有被虐待的经验并不是简单的事。因为纵使这些家长有被虐待的经验,他们也不会轻易在一个陌生的调查者面前坦白陈述出

来。就算他们愿意说明,但童年的经验对一般人而言,早已不是理智层次的记忆所能客观涵盖的,所以准确性必然偏低,这个研究的完整性会大打折扣。如何避免此类问题的产生呢?可在变量的选择时,下一番功夫,把“受虐经验”这个变量改成“对体罚子女的认知与态度”。如此一来,一方面可以降低受访者的戒心,另一方面,从时间的角度来看,这也比回忆早已尘封多年的儿时记忆来得可靠。

(三)时间交代是否清楚

所谓的时间考虑,不只是研究何时开始进行,而是表明处遇的时间长度(从何时开始干预),说明受访者是在什么样的年龄系列里。任何研究都会有时间的影响因素,问题叙述里应该也有时间上的考虑。

(四)是否有特定的研究对象

研究必然要先锁定对象,确定研究是针对哪些人群。这些人群与问题之间的直接联系是什么。例如,研究儿童被虐待时,当然是以儿童人群为主,但若要研究施虐者是否有被虐待的经验,在设定研究对象时,可能就要多费点心思,有时连其教育程度、区域条件,或特定年龄层等都要考虑进去,如部队出身的父母,对子女的管教也可能较为严格,会认为体罚子女是理所当然的事。

(五)研究的必要性与真实性

站在学术的角度而言,研究当然不是娱乐与休闲,不只是光为满足我们的兴趣或是好奇心而进行的,更重要的,研究应该有其必要性和真实性。当现实生活产生了难题,必须尽快克服,而克服的方法须借着研究来完成时,此时进行的研究就有其必要性。研究也不应是不切实际的,从社会工作的立场来说,所做的研究应与生活、专业有所联系,此即其真实性。当研究有其必要性与真实性时,它就能对研究的领域做出贡献(fills a research gap)。

(六)是否具有其应用性或实用性

一个好的研究不仅可以在学术领域做出贡献,更重要的是它也可以对我们的生活有所助益。好的研究应有其应用性,不应只是纯观念的操作,而是借着研究的成果,可以拟订出实务上的策略,而对我们的生活与专业实务有所帮助。

(七)充实专业的原则或理论

一般而言,研究应源自专业的原则与理论,当研究者在专业的实务中遇到瓶颈，或在理论的发展中发现其不明或缺陷的地方时，便因此借研究来解决其问题，寻找其答案。一旦研究完成，不管是与研究所拟的假设相合或是违背，对专业而言都是一种经验，多少都可以充实专业的原则与理论。

(八) 是否能在有限的时间中收集到足够的资料

在研究法中，有某些研究着重长时期的观察与比较，来分析其间的变化与特质，这是属于时间系列的研究方法。例如，有研究者为了了解都市化(开发)对居民生活可能产生的影响，所以就做了时间系列的比较研究，在城市开发前、开发中，以及开发后分别去做实地的调查与研究，前后共用了十五年的时间才完成。但是一般的研究中，研究重点若非完全在“时间系列”上，那么最好能在有限的时间中，去收集到足够的资料，否则等到延宕多年、旷时废日时，就算有所结果与发现，也可能会因为时间太长而造成太多的失误与偏差。

(九) 研究问题的解答

研究总要能回答三大问题：

1. 自变量与因变量有其关联吗?
2. 自变量与因变量又如何产生关联?
3. 自变量与因变量在各种状况中，又如何产生关联?

在问题叙述的写作当中，我们若能因此得知研究者回答这些问题的策略、过程、规划与设计，那么问题叙述也就符合要求了。

第五节 设定研究假设

当我们确定了研究的题目，而且也已经把研究的题目用疑问句的方式呈现出来时，显然地，这个研究题目的重要变量(自变量与因变量)大致就会很自然地浮现出来，研究者与读者对研究的方向与架构也都能有大体的了解。此时，更进一步的工作就是把研究的假设设定出来。在设定假设时，有一些细节必须予以注意。

一、建构假设

假设是要反映研究者对研究的结果所做的推测。其好处是：好的假设可以呈现一个清楚的目标,并提供研究者选择可以达到此一目标的过程。当研究者把研究假设陈列清楚时,读者很容易知道该研究的大概。假设是个重要的技术,它提出了一个新的实验或观察,并协助我们确认对象或事件的显著性,而成为新的发现的基础。假设的目标是使研究能有可观察的事做比较。一般而言,假设应有理论基础,而且能描述变量之间的关系。假设必须包含一个自变量和因变量,而且要提防中介变量的干扰。假设也可以呈现出研究者对现象的关系或类型的知觉(perception),在两个变量之间,研究者为何把这两个变量联结起来?为何对这些变量有这类的关系形态的预定?这些都可以显现出该研究者的知觉类型,明晰为何不同的研究者对相同的两个变量却有不同的假设结构。

二、假设的功能

假设的拟订对研究的进行助益颇大,其功能有以下几点。

(一)假设可提供显著的信息

假设不需要在被证实时才有其价值,许多假设是因为提供显著的信息才显出其价值。很多时候,当研究者对某一变量与其他现象(变量)之间有其特殊、不比寻常的观察与看法时,便在假设中展现其企图心。当研究者借其假设找出答案时,对研究领域的提升与发展便有了意义与贡献。

(二)假设提供了考验研究所依据的理论的机会,也因此使理论愈来愈精确

假设可以考验研究者所依据的理论是否成立,对理论的帮助甚大(Beach & Alvager, 1992)。

1. 假设的检验可以拓宽知识的范围

当假设得到证实时,研究者所引用的理论就因此得到了充实。

2. 假设的检验可以测定理论的限制

当假设不能被统计的考验所接纳时,也无形中让我们知道了理论的限制,了解该理论的效度只能在某一限度内。

3. 增进理论的准确性

当现成的理论只能以一般的方式描述变量与变量之间的关系,若研究能借着更进一步的假设规划,把可以揭露的明确因素,所可能产生关联的程度在假设中提出,并使其接受考验时,这些因素就可以更明确地表现现象的特征,这是区分科学家的预测与常识预测的重要途径。

4. 假设的检验可使核心假定更加明确

许多理论通常基于未经证明且未经认同的假设，其准确性与关联程度都未得到证实，借着检验其假设，我们可以使该理论相关的立论或假定愈加明确，也因此使该理论与其他现象间的关系逐渐成形。

三、假设的形式

假设的陈列有不同的形式(Beach & Alvager, 1992)。

(一) 宣示型

研究者在假设中陈述希望变量之间出现的关系，如：

"教育程度较高者会比程度较低者有较好的两性沟通能力。"

在此假设中，研究者不仅把两个变量——教育程度与沟通能力，指明清楚，而且也把它们彼此之间的关系明确宣示出：教育程度高，两性沟通能力就强；教育程度低，两性沟通能力就低。这种假设的形态，我们可以称之为"宣示型"。宣示型的写法亦可以分成两种。

1. 有特别方向的

研究者在假设中把变量之间的关系清楚讲明，是某方优于或大于另一方(如上例：教育程度高，两性沟通能力强)。

2. 无特别方向的

指两个变量有其差异，但方向不明，何方优于另一方仍属未知。若上述的假设改写为：教育程度不同，其两性沟通能力亦会有所差异。在此假设中并未讲明教育程度高者一定会比教育程度低者有较好的两性沟通能力。

(二) 虚无型

虚无型的假设通常陈述研究的有关变量间并没有显著的关系存在。以前述之例为例，虚无型假设的陈述与宣示型的有所不同：

"教育程度的高低与其两性沟通能力的优劣并无显著相关。"

虚无假设并不需反映研究者的期望，其主要的优点是它比较适合我们的统计技术。很多虚无假设的目的是用来测量差异的发现是否超过零,亦即通过统计工具来测验这个假设,以确定所发现的差异是真的差异。有时我们会被虚无假设所混淆,因为它假设的与我们的期望正相反,其实这是没有意义的,这是虚无假设不利的地方。解决之道是采用两个假设来说明:研究假设(research hypothesis)和统计假设(statistical hypothesis)。研究假设反映研究者对先前研究及理论的期望,而统计假设是虚无假设的形式,其设立是用来评估研究假设,使之更有统计上的正确性。

(三)问题型

用问题陈述的方式也是假设陈述的另一种方法。如:

"教育程度高者与教育程度低者会在两性沟通能力上显出其差异吗?"

这种形式的假设简单明了,对无经验的研究者是较容易的,因为它陈述的问题正是其研究的方向,也是研究者所企图回答的问题。

(四)有主要假设与次要假设之分

大体上,一般的研究都会有主要的自变量与因变量。本来所谓的假设也应该是自变量与因变量之间的各种关系的陈述而已,但是若仔细分析每个变量时,我们会发现其实变量本身也是由一些次级变量结合而成的。例如,"儿童虐待"之变量可以细分为肢体虐待、心理虐待、性虐待以及疏忽等项目。而"父母亲是否有受虐经验"若要与"儿童受虐待"一起研究时,较为周全的方法,可能是把父亲或母亲的受虐经验,分别与对孩子的肢体虐待、心理虐待、性虐待以及疏忽等次变量进行逐一比照分析,而这些次变量与父母亲本身受虐经验之间的假设,就是所谓的次要假设。

(五)假设的设定次序,应成为论文分析或叙述时的主要次序

当研究资料收集完毕并予以分析后,研究发现的报告次序最好与假设的次序一致,如此一来,资料分析到哪种地步,该假设也就被解释到何种地步,每个假设是被接纳或是被排斥,都会顺理成章地呈现出来。否则,当资料分析完成后,有的资料与研究的假设相符,有的则不然。如此资料的解释次序太凌乱,读者在读完研究报告后,仍然无法了解此研究到底是否回答了当初所设定的研究问题或目标。

四、判断假设之优劣的标准

假设拟订得是好是坏，可用下列一些标准去判断。研究者在进行研究时，其假设的拟订也应该遵守下列的标准。

（一）概念要清楚

尽可能对每一种概念做操作性的定义，而在定义清楚以后，假设的叙述应当愈精简愈好。

（二）实证基础

假设的拟定是要使研究所分析的变量，及其所隐含的现象能够被客观地测量，这才能使研究进入实证研究的轨道内。

（三）明确化

把假设打散成各类的次假设，代表着研究的变量愈加具体、明确，如此一来，较细微的现象与问题也才能客观地被测量。

（四）资料的收集要有其可行性

再好的假设也必须能借着资料去证明其真伪，若资料的收集有太大的困难，或根本不可能时，则该假设就失去了其意义。

（五）与理论有关

假设系从理论来，也应回到理论去。

确定研究的主题是研究过程中很大的进展，再用问题叙述的方式，把研究的主轴用简单的变量关系来呈现，更让研究者士气大振，接下来就是文献综述的挑战了。

习　题

1. 如何发掘研究主题，试申述之。
2. 何谓问题陈述？其功用为何？试以你参与社会工作实务经验中觉得重要的议题，据此写出一问题陈述。
3. 提出研究假设时应注意的事项及其功能为何？
4. 如何判断假设的好坏，其准则为何？

第四章 文献综述

摘　要

在问题叙述的写作之后，就要针对所要研究的主题进行文献综述的工作。文献综述，是一项巨大的工程，不仅平日要对相关的文献多多涉猎，其对于资料的整理与应用更是一大考验。这一过程所呈现的不仅是资料看得是否足够，还牵涉到整理资料的技巧是否纯熟，资料应用的过程是否严谨，治学的态度是否诚实等问题。文献综述绝对不只涉及学问层面而已，更包含了人格的层面，因此丝毫疏忽不得。所以，本章即针对文献综述的目的、功能，以及如何利用图书馆或网络等途径来搜寻所要的资料。其他如资料的整理，参考文献的著录，书目卡、内容卡的制作等，都将在此加以说明。

第一节　前　　言

文献综述有广义与狭义之分。广义而言，指在学术界上求真的过程中，不断收集相关文献，以作为学术上求真、求知的探讨过程。狭义的文献综述是指在论文的写作中，针对所探讨的主题做文献上的整理与叙述，或收集与研究变量相关的理论与研究资料，使之成为日后立论的根据。有的论文把文献综述放在第一章的绪论中，问题叙述一结束，接着是文献综述。国内的论文也有不少作者把问题叙述当作第一章，而把文献综述放在第二章，两种皆可。

第二节　文献综述的目的与功能

“在图书馆两个钟头，可以使研究者减少在实验室六个月。”(two hours in the library can save six months in the laboratory)这是美国学术界中非常流行的俗语，以自然科学的状况来说更显得贴切(Beach & Alvager, 1992)。社会科学的情形与自然科学固然不完全一致，但是论文进展过程中，在图书馆中的资料收集相当重要，千万不可小看。论文进行时，一定要做好文献综述的工作，其目的如下。

一、使研究的计划合乎科学的要求，融入科学的论点中

研究是一种科学的探知过程，文献综述使我们可以“继往开来”，也可以使我们“鉴古知今”。它一方面继承了科学的累积，融入了科学的主流，另一方面也为科学的发展注入了新的力量。科学不是有感而发的思维，也不是毫无根据、海阔天空的长篇大论，必须有文献的依据，经得起逻辑思维的考验。

二、避免重复以节省人力

文献综述很重要，它使我们知道所要研究的题目是否以前已被研究过，研

究的结果如何,碰到何种难题,先前的研究对未来的研究又有何种建议……若在进行研究之前能把相关的文献做好整理,一定可以避免不少重复,也可以节省不少人力。文献综述不仅丰富我们的研究,排除研究的障碍;文献综述若做得好,还可以让我们知道该变量是如何被测量的,先前的测量工具是否仍然可以被引用,可让研究者事先就确定有效的测量工具是什么。

三、避免问题的重蹈覆辙

文献综述使研究者可从别人的经验、错误或前车之鉴中得到教训,避免重蹈覆辙。若不做文献综述,我们无从得知所要做的研究问题是否已得到解答,亦无法得知该问题目前处理到何种地步,也不知道困难如何去克服。

文献综述可以帮助我们确定问题的所在,也可以使研究者了解变量间的对立(相对)概念。例如,评估个案管理的计划对于刚出院至社区的精神病患的成效如何。或许在尚未阅读文献之前,以为有了个案管理方案以后,会减少案主再住院的天数,但文献综述时发现,个案管理的结果是再住院天数的增加。所以借着文献综述,研究者就不必把研究的重点放在住院天数的缩短上,而是放在再回归社区的生活品质是否已经改善,免得重蹈覆辙,徒劳无功。

四、可丰富研究者的思维

科学要不断地探究新的领域与主题,文献综述的功能就是整理、吸收先前的研究经验与结果,作为未来更新、更好、更周详的研究的准备。有些从事质性研究或用 ground theory 方法来建构理论的研究者倾向延迟做文献,以免受他人理论的影响而有先入为主的观念,他们总觉得,文献看得愈多,受别人影响先入为主的观念也愈强。但也有研究者持反对意见,他们认为做文献综述可以尽早了解目前的知识基础和它的限制,并可以丰富自己的想象,使质性研究的内容愈加丰富,所以及早进行文献综述不会影响质性研究的品质。(作者以为,文献看得多,研究问题的角度广,分析将愈深入,会不会受别人影响是个人的问题,不应是文献看得多寡的问题。)

五、是研究者呈现研究逻辑的重要过程

很多人以为文献综述就是展现本身所读书本的数量,所以就拼命地把所

读过的资料，一五一十、东抄西抄，一个一个陈列出来。反正一个作者一段，如此密密麻麻地全部摆上，不可谓不壮观，但这种方式只是一些资料的累积而已。稍微好一点的则是略加整理，把它分为国外文献、国内文献两堆，但简单的分类基本聊胜于无。其实文献综述的功能不是显示自己看书的数量，而是与前面的问题叙述，以及后面的研究架构、资料分析等脉络相承，不可分割。文献综述主要是厘清研究概念的层次，把和研究有关的变量做系统的介绍，使读者对研究者的观念、逻辑有层次上的了解。研究者以所研究的主题为主轴，把相关的文献与资料做周边的解释，澄清本身的理论根据，把自变量、因变量有关的因素全部融会贯通。好的文献综述在叙述时，已经在为自变量与因变量的出现铺路，当文献综述结束时，自变量与因变量仿佛“图穷匕见”般以假设的方式出现。文献综述会说服读者进入作者的思维体系，使其愈发同意研究者的理论架构。

六、可使研究更精进

当然文献综述有其陷阱，我们必须小心。因为当研究者对其问题的知识背景不足，而花很长的时间来消化所看到的文献时，可能会因太依赖他人的研究和分析而减低个人的创造力。所以进行研究时，应该把文献综述当作动态的整理过程，研究者若在研究的主题、概念上仍嫌不足时，就应该在文献上多下功夫。若资料分析中有了新的发现，就更应该仔细分析，并与先前的文献做比较、对照，使研究发现丰富该主题的内容，不必以为文献是什么，事实必然就是什么。毕竟研究就是要不断地创新，不断地探讨，该信服的文献要珍惜，该淘汰的文献亦应毅然决然地抛弃。

第三节　网络资料的收集

（本节作者：高雄医学大学医学社会学与社会工作学系陈政智博士）

一、如何运用网络找资料

网络的发展一日千里，利用网络搜寻资料，是图书馆以外的一个极佳选择。

但也因为它的快速与便利,相对地会让人累积过多无用的资料。所以,如何采用正确而且有效的方法找到自己所需的资料,就必须掌握一些技巧。以下将依搜寻资料的渠道、技巧及各类资料的搜寻来源分别介绍。

(一) 掌握资料收集的渠道

想要使用网络来收集文献资料,必须先了解目前比较常用的搜寻渠道,包括搜索引擎(如百度、谷歌、雅虎等)、百科全书、报纸与新闻资料(国内、国外)、期刊资料库、专门主题杂志、线上图书馆(如:博硕士论文网)、网上书店。这些不同的管道各有其功能与特色。

1. 搜索引擎

搜索引擎(如百度、谷歌、雅虎等)是汇集所有网站的平台,资料最具多样性,搜寻结果有时会包含新闻资料、期刊、图书等。

2. 百科全书

百科全书(如百度百科、维基百科等)提供一些入门的基本资料,但这些资料并不完全正确,例如维基百科,是人人可编辑的自由百科全书,因此资料可信度需再查证。但百科全书却能提供我们初步的资料,让我们先对想查的资料有一些概念。

3. 报纸与新闻资料

可以从各大报的网站(如新华网、人民日报等)获得过去与最新的报纸与新闻资料,掌握我们所关心的事件的过去与现在的发展面貌。

4. 专门主题杂志

针对某领域提供大量文章的网站,如天下杂志、远见杂志、国家地理杂志、牛顿科学杂志等,均可在该网站上获得该领域的相关资料。

5. 期刊资料库

期刊资料库指的是汇集多种期刊的文库,最常见的资料库包含中国学术期刊、WILEY 等。除了资料库外,也有单独的刊物,如《社区发展季刊》,便是独立的网站,网站中也提供全文下载。

6. 线上图书馆

线上图书馆与期刊资料库相似,不过认真比较起来,网络图书馆收录的资料不只是期刊,还包含未出版的刊物,如硕博士论文。

7. 网上书店

部分网上书店提供线上浏览的功能,许多书籍也提供简介或目录,需要时还可以线上订购。

（二）熟悉操作方式

在了解资料的搜寻渠道有哪些之后，重要的是使用这些渠道搜寻资料。事实上，每一个渠道搜寻资料的方式大同小异，最常见的是输入“关键字”。若想知道更细致的搜寻方式，可以看网站的简介，一般都会提供“功能解说”与“特色介绍”。我们只要试着找到一两个使用起来比较顺手的工具即可，以下将提供几个搜寻资料的小技巧，让资料收集更加快速、有效。

二、如何快速且有效地搜寻资料

（一）资料搜寻的步骤

当我们开始寻找资料时，除非我们相当清楚要找的资料是哪一本书、哪一本期刊，或是哪一本论文，才会使用“期刊资料库”或“线上图书馆”，否则一开始，我们习惯先使用“搜索引擎”作为资料收集的第一步，因为“搜索引擎”能将所有的资料（包含相关的期刊、新闻、百科全书、书等）都呈现，接着我们就能轻松地往期刊搜寻或往书籍更进一步地搜寻。

（二）搜寻原则与技巧

使用“搜索引擎”的功能大同小异，以谷歌为例，搜查网页时可以在搜寻方块里输入想要搜寻的关键字。而为了缩小查询范围，快速取得精确资料，可以输入两个以上的关键字，中间以半形空白键分隔。输入关键字之后，可以根据需求，选择仅查询中文网页或是查询全球网页。当关键字查无资料时，系统通常会自动进入相关网页查询，网罗所有可能资讯。

在此，提供几项原则与技巧，有助于增加使用搜索引擎找到资料的效率。

1. 使用句子或提供完整的描述

尽量不要只用一个词来搜寻，否则会出现非常大量的资料；如果能使用一个句子，则资料的数量将会大幅降低。如果要找一本书，甚至可以将整个书名作为搜寻的内容。如：“新管理主义”比“管理”好，而以“协助外籍配偶的生活适应”来搜寻会比“外籍配偶”更能找到所需的资料。

2. 精确度要高

要输入正确的关键字句，以方便电脑筛选。如输入的关键字过于空泛，搜寻结果往往数量惊人。所以,建议以专有名词或大家常用的词句来搜寻,不要使用模棱两可或多重意义的名词,更不要自创语句,也不宜使用字串与字元,因为电脑会将这些字串忽视。

3. 善用更类似的结果(more like this)

可以适时地使用“类似网页”联结功能,自动搜寻网上和这项查询结果相关的其他网页。

4. 使用符号与文字来限定条件

(1) 用半形空格键,可以搜寻两个关键字的交集,例如:想搜寻“智能障碍”和“特殊教育”的共同信息,便可以在两者之间键入半个空格。

(2) —:减号代表不要搜寻某关键字,例如:想搜寻“智能障碍”的信息,但不想搜寻到“特殊教育”,便可以输入“智能障碍—特殊教育”。

(3) OR:大写的 OR 代表“或”,例如:想搜寻“智能障碍”或“特殊教育”,便可以输入“智能障碍 OR 特殊教育”。

(4) “”:英文引号,可以进一步限制搜寻,只搜寻引号内的文字,过滤掉不要的内容。例如:想搜寻到“社会工作者”这个词(5 个字相连),而不想连“台湾社会工作专业人员协会”都搜寻到,便可以在“社会工作者”五个字外添加半角状态下的引号。

(5) pdf:在关键字的后方空一格,再打上 pdf,便可搜寻到该关键字的 pdf 档。例如:想搜寻到“智能障碍”的 pdf 档,便可以输入“智能障碍 pdf”。

5. 改变搜寻条件

我们一开始以名称来搜寻,如果找不到,可以以相近的词句重新搜寻,例如:以“专业形象”来找,找不到相关的资料,可以改用“组织形象”“企业形象”等寻找。如果还找不到,可以考虑使用“关键字”的条件来搜寻。有的搜索引擎可以先采用“包含完整的字句”来寻找,如果找不到再以“包含全部的字词”来放宽搜寻条件。

此外,有的搜索引擎还会提供搜寻导览。当我们在任何一个查询框中键入想要找的资料关键字,待查询结果出来后,利用上方导览列的“所有网页”“分类网站”“图片搜寻”“新闻媒体”“期刊”的标签,就可以轻易找到同一个关键字的所有不同类型的资讯。上述的各种小技巧,在不同的搜寻渠道中都差不多，若能活用将可以大幅提高可利用资料的概率，而不会出现一大堆垃圾资料。

第四节　图书馆内的探索

撇开网络的资源系统不讲，千百年来，研究学问最好的地点就是图书馆。好的图书馆会收藏我们所需要的各种资料，包括古今书籍、中外期刊、各类统计资料、政府文件以及私人捐赠之典藏。更重要的是各类资料的索引，若应用得当，可以让使用者在短时间内得到足够的资料。

图书馆给我们的不仅是资料的收集，更是读书人气质培养的最好所在，它没像网络那么“炫”，却是一步一脚印、扎扎实实的研究功夫。

在图书馆的徜徉与在电脑银幕面前的钻研最大的不同是：图书馆马上让你看到整个资料体系，期刊、书籍、报纸等，全部都在你眼目可及的范围内同时出现，这些资料不会马上消失，它们永远在那里，只要你有时间，你可以慢慢去品尝、去细读、去流连。网络则将你限定在一定的视窗方格中，了不起两三笔资料同时出现在视窗里供你参考，当然你可以把资料打印出来，以后找时间慢慢细读，但在选择资料打印时已是一番折腾。网络最大的优点是只要你拿关键字去搜寻，全部的资料顿时摆在你眼前，你可以选择较适合的资料。图书馆内的搜寻，却是研究者一步一脚印的功夫，从资料的选择，到资料的阅读与引用，都需步步维艰地去完成。图书馆内眼睛看得广，心宽，资料恒在；不像网络资料，眼窄，心急，资料确实。现代人做好研究，不可能不用网络资讯，但是，图书馆的资料仍不可或缺(这些图书馆内的收集与整理资料亦可作为网络资料的参考)。

一、准备好进图书馆时的文具

空手进图书馆无法把所看到的资料“带出”，事先应把一些文具预备好，如白纸(随时把有关的图书资料如书名、图书编号等抄上，免得一下就忘记)、书目卡(把所要用的书本与期刊的资料写上，以便做论文中参考资料的交代)、内容卡(把所读到的好资料抄上，预备文献的用途，最好有不同的色彩，可以做简便的分类)、铅笔以及圆珠笔(对图书馆的书本与文献,忍不住要做记号时,可用铅笔做,事后可以擦掉;不同色彩的笔可以使内容卡的制作更加美观与清楚)、橡皮筋(把同类的卡片归类绑在一起,免得每一次都要花时间分类)。准备这些东西看起来琐碎,但是却大大影响了收集资料时的心情与进度,不可不注意。

二、先找电脑网络资讯系统

大学图书馆内均已有资讯网络可以应用,根据所要研究的主题,电脑网络可以马上给我们很多相关的文献资料。看到那么多文献资料时,先不要太兴奋,因为图书馆内不一定有,而且很多资料不一定与研究的主题直接相关,所以应仔细阅读这些资料的年代、主题,以及期刊名称等,先淘汰一些不是直接相关,或是馆内肯定没有的期刊。这样可以使研究者心里有个准备——是继续收集文献清单,或是可以开始去借阅。

三、期刊目录的阅读:主要研究报告的收集

若电脑网络的使用有其困难,书面的期刊目录对研究者而言就相当实用了。社会工作研究者在进行资料收集时,一定要先把与主题有关的期刊目录好好查看,先从最近、最新的资料开始,看其数量是否足够,再决定要往前查阅到什么地步。研究的资料愈近期的愈好,因为引用太旧的资料会影响论文的品质。从目录所看的资料应马上记载,将其图书编号、作者名、文章名、期刊名、卷期、页数等一一登记。

四、相关书籍名单的收集:主要作者的收集

针对研究主题,找出最相关的书籍(通常也可能由指导老师介绍),或把当代出版的有关书籍找出,并把这些书籍的作者、书名及图书编号一一登记,当所登记的期刊与书本数目差不多时(或主要的期刊或书本都已经在名单上时),就可以开始着手进行资料的收集了。

图书馆内的编号系统在世界各大学图书馆中大同小异。最普遍的是杜威的“十进位法编号系统”(Beach & Alvager, 1992)(见表 4 - 1)。

表 4-1　杜威十进位法编号系统

000	General Work	一般类	500	Natural Science	自然科学
100	Philosophy	哲学类	600	Useful Arts	实用艺术
200	Religion	宗教类	700	Fine Arts	艺术
300	Sociology	社会学	800	Literature	文学类
400	Philology	语言学	900	History	历史

社会工作研究资料的范围，主要可能在社会类。其实论文的进行，常常都会引用各类不同的资料；哲学类的资料可为各派别的理论寻根，因为哲学可提供我们解释的不同角度与方向。宗教类与社会服务或机构的本质有关，当然更与伦理问题，或安老、堕胎、安乐死等问题息息相关。文学类的资料也并不是不可能，视论文的方向与探讨的旨趣而定。历史类在社会工作的论文中更常被引用，由于中外不同的文化背景，所牵连的不同社会问题，加上不同的制度与措施，若能探讨其缘由，并且做好比较时，在论文当中都是宝贵的资料。

五、影印期刊资料

找出名单中所登记的相关期刊，并一一影印，且马上在所影印的资料上写出文章的书目资料，免得忘掉该文章的出处(外文的期刊每页均有相关的资料，中文期刊除少数外，均无记载，所以研究者必须予以注意)。影印完资料后，便在名单上做记号。若没有把握该期刊一定是你所需要的，则不妨先读该文章的摘要，再决定是否要影印。找不到期刊资料时，也不必太失望，试试别家图书馆，只要名单上记载清楚，锲而不舍总可以找到所需要的，何况现在传真与电脑网络的使用日加方便，只要方法得当，瞬息间就可以得到所要的资料。

六、相关书籍的借阅

根据书籍名单中的图书编号在书架上找到书本后，暂时不要马上办理借阅手续，因为每个图书馆能借的书本数有限，况且逾期归还的罚款也是一笔不小的数字。最好能在馆内马上速读，翻翻书本前面的目录纲要，如果是外文书，一定要看书后的索引，按着字母次序，你可以确定该书是否有你所需要的资料，也可以借此确定你研究中的主要项目(key topics)是否有足够的资料在支持。当该书确定与你的研究息息相关时，再办理借阅手续。

第五节 资料的整理

一、文献资料的种类

当有关研究的期刊与书本都收集到相当程度后，资料就可以开始整理。资料有很多种类，但与研究最直接相关的有两大类：理论性资料与研究性资料。针对所要研究的题目，必须澄清的是理论的根源是什么，该研究打算站在哪一个理论的角度来探讨问题(针对少年犯罪的问题，若用行为学派的理论一定与人文存在主义学派的理论大异其趣)，该理论解释问题时大体会采取什么样的概念，会做何种的前提(proposition)，会演化成什么样的假设(hypothesis)？牵涉到哪些变量(variables)，这些理论、前提、假设、变量等资料都是属于理论性资料。文献综述中，把这些理论性资料整理后，研究的架构便大致清楚。有了概念上的架构后，文献综述尚未完成，因为有关该问题的相关研究，我们仍然要极力去收集。若以少年犯罪为研究的方向的话，那最近有关少年犯罪的研究有哪些，它们各有什么发现，有哪些变量已被证实彼此相关，各主要变量被探讨的程度又如何……这些相关的资料等都是研究性资料。

二、相关资料的决定

理论方面，明显的(explicit)理论与隐含的(implicit)理论都不可忽略。如：若你对“法律如何将罪犯定罪”之题目有兴趣(若你以为法官经常判决被告是无罪的，他们只是在审判过程中去确信被告是无罪的信念，然后再做最后的判决)，那么你对此研究题目的相关理论收集可能包括说服力理论、第一印象理论、决策理论。这样一来，原先所收集的资料若与我们所要着力的理论无任何关联时，就必须割爱。研究资料方面，我们未必需要他人的研究设计或研究方法，但别人的研究发现我们要好好应用，使之成为文献综述中的佐证。

三、资料的阅读与整理

找到与研究有关的资料当然快慰，因为要做一篇研究报告所要收集的资料愈丰富愈好，但过多的资料不知如何整理的话，也只是资料的堆积与浪费而已。做好资料整理的第一步，是在阅读资料时就开始做预备的工作，此时会牵涉到书目卡与内容卡的制作，而书目卡与内容卡的制作更应注意到种类的不同。

四、书目及注释的种类

学术性的论文离不开注释与参考资料，如何写好注释与参考资料又与用哪一种格式有关，近年来所用的格式种类有下列三种。

（一）Turabian style

Turabian 的格式是最古典的格式，又称芝加哥学派格式，这种格式有几个特质：第一，这种格式在文章叙述当中常有注释的号码出现，正文中，若资料是参考他人的资料而来时，作者就必须在句后写注一或注二等记号（英文则直接在该句后上方以阿拉伯数字说明）；第二，正文有了数字或号码，该页页底就必须把数字所要交代的说明清楚，亦即把有关的资料的原作者的文章、期刊（书本）的来源及出处等记明。Turabian 格式在每页下的说明，称为“脚注”（footnotes）。在整篇论文结束以后，在后面把该论文中所引用的资料全盘做一个交代，我们称为“书目”（bibliography）。Turabian 格式非常严谨，逗点、句点、空格、页数等都不能含糊，因而目前行为科学研究中采用 Turabian 格式的人不多，本文不再详述。

（二）MLA style

MLA 的格式与 Turabian 大同小异，主要是它的注解不在每页的下方即“注脚”，而是把全部的注解都放在文章后面，所以英文不叫“footnotes”（注脚），而称为“endnotes”（后注），本文不再详述。

（三）APA style

APA 是美国心理学家学会之简称，该学会所拟议出来的格式，最近十几年来有愈来愈普遍的趋势，主要原因是简单清楚，功能又与 Turabian 格式相差无几，在社会科学的期刊论文中采用颇广，且每隔几年就有专书介绍其详细的规则，社会工作领域中采用者亦多，今特别介绍如下。

五、APA 的注释格式说明

APA 在文中的注释，不像 Turabian 格式都要写出其注释的号码，它只是在

引用了资料后列出作者之姓(中国姓氏的作者则列全名),逗点,年代,再括弧,最后面才是该句之句号或问号。如下例:

台湾的外遇不是"七年之痒",而是每年都会痒(简春安,1983)。

人与生俱来就具有认知、选择及判断的能力(Rychlak, 1977)。

但是若文中已提到作者的名字时,则年代列于名字之后。例:

简春安(1983)指出,台湾的外遇与结婚年数无关,不是七年之痒,而是每年都会痒。

其格式明显比 Turabian 简单得多,引用到别人的资料时,把作者的姓名及年代标出即可。但它没有 Turabian 精密,因为它没有说明详细的页数出处。APA 仅在"字字引言"时才会在年代后面加注页数,见下例:

(简春安,1983,页 47)或 Gerland(1978, p: 9)

但读者应可马上发现"P""页"等有累赘之嫌,国外一些学术期刊等,则直接以": "的方式为之,简单清楚,或可采用。如下例:

"台湾的外遇不是七年之痒,而是每年都会痒。"(简春安,1983: 47)。

简春安(1983: 47)指出:"台湾的外遇不是七年之痒,而是每年都会痒。"

Gerland(1978: 9)指出,"家庭生活教育的主要功能是……"

有关 APA 资料的注释格式,除了上面的基本格式外,还有一些细节需要注意。

(一) 所引用资料并非原始资料时,称为"间接引用"或"第二手资料的引用"

宜将原始资料和第二手资料同时注明,首先列出原作者与年代,再以"as cited in"或"转引自"之方式注明第二手资料之作者与年代。如下例:

……(董作宾,1952：349 转引自钱存训,1975：37)。

说明：钱存训是你手边的资料,但钱存训的资料则是从董作宾的著作中得到的。

(二) 所引用的资料系翻译作品时也需注意

常常看到一些资料被引用的明明是国际级大师的著作,但注释时却只看到在专业里名不见经传的年轻翻译者的名字,这样当然对原作者不敬,也不公平。所以建议应该以原作者的名字与年代来注释。如下例想必较为合理：

……[Freud，1940(叶美华译,1983)]。

(三) 所引用的资料系网络资料时

一般而言,资料取自网络资料时,仅需在正文注释说明,参考文献中则不用交代。如下例：

美国图书馆学会的网站提供了这种专业资讯(http://www.als.org)。

六、书目卡的制作

图书馆可以使研究者找寻到很多资料,但是资料如何被引用,如何在效率上提高,在格式上正确,却是很重要的技巧与训练。有效应用资料,整理资料的方法则是书目卡与内容卡的制作。书目卡指记载资料作者、资料名称、出版背景及出版地址、年代的卡片。大体上,一篇研究报告的完成需要参考很多文件与资料,这些庞大、众多而且颇为复杂的资料,若不能被系统性地整理,资料不仅会流失,而且引用上也会紊乱。避免这些问题的产生,最好在阅读完资料前后做好书目卡。

书目卡的卡片不要太大,最好与内容卡有别,略小于内容卡较佳。决定要阅读该资料之前,先做书目卡,再看书,看了书以后再做内容卡的次序较为合理,因为做了书目卡,在读完资料进行内容卡的写作时,会较为顺利。做了第一篇资料的内容卡以后,再做另一本书的书目卡,再取内容,做内容卡。书目卡的制作愈细心愈好,千万不要随便,它将有助于提升研究者日后写报告的速度。

否则,文章写完精疲力竭时,还须再整理书目,到时还为种种格式是否准确伤脑筋,就无法把论文的善后工作做好。书目卡的写作大体参考 APA 的书目格式,以下仅提供两例供读者参考。

所参考的资料为一期刊的文章时

Rubin, Allen(2000). Standards for Rigor in Qualitative inquiry[J]. Research on Social Work Practice, 10(2): 173 - 178.

所参考的资料为一本书时

Royse, David(1995). Research methods in Social Work[M]. 2nd edition. Chicago: Nelson-Hall.

七、内容卡的制作

论文的写作绝对不是从图书馆里借了很多书,然后一本本抄的过程,而是参考了很多资料后,把与自己论文可能有关的内容撷取下来,经过研究者自己对论文方向的拟订后,写好了大纲,再按着大纲,参考着内容卡,以自己的论点逐字逐句地完成,而整个过程都应配合着 APA 注释格式。大体而言,内容卡的制作过程如下:

(一) 先速读所要阅读的资料,用铅笔在资料上画记号,读完该篇资料。若觉得资料不错,可能会引用到论文内容时,才把这些内容抄在内容卡上。

(二) 用内容卡先抄内容,最重要的原则是一张卡片只记载一种单一的内容,其用意不是把整篇内容都抄在卡片上,而是供研究者在写论文时随时引用的佐证,所以每张卡片内容愈单一化,其灵活度就愈高。

(三) 依所抄之内容,自己给该内容定一个名称,写于卡片中间,可用彩色笔为之。该名称可以与原资料的名称一致,也可以依据自己引用时的情况赋予认为比较妥善的名称。

(四) 卡片的左上方,可用另一颜色的笔写分类名称(最好用英文,排列方便),否则有朝一日卡片繁多时,则会次序大乱,保管上也不易。有了分类名称后,依名称归类,再多的卡片也不会混乱。

（五）卡片右上方写原资料作者之姓（中文则姓与名都应写明）、年代及页数。

内容卡制作范例

Marriage：family violence	涂秀蕊（2000：117）
保护令的种类 我国的家暴法将保护令分为：1. 通常保护令，2. 暂时保护令。但暂时保护令又分为： （1）得于下班时间核发之紧急性暂时保护令 （2）仅能于上班时间核发之一般性暂时保护令	

八、内容卡制作说明

（一）卡片内容名称

以上述范例为例，在这张卡片中，"保护令的种类"是卡片的名称。这个名称的来源由卡片的内容而来。如果原文的记载中并没有"保护令的分类"这几个字，那就由作者根据内容来给予名称了。自己所做的卡片，在确定名称时保留一点自主性并不为过，但应小心不要离题太远，名称与作者原意产生差距时就不妥了。

（二）卡片分类名称

卡片太多时很容易乱成一团，在整理或储放时最好有分类名称来管理。如何分类则根据研究者本身的研究方向或嗜好放，不会有大碍。如"Marriage：family violence"这个卡片的分类名称，是依作者本身的需求而定，此卡片未来将被储存在 Marriage（主目录）或 family violence（次目录）上。分类名称最好以英文为之，排列较容易，资料不易混乱。分类名称置于左上角（右上角亦无不可），便于翻阅时查找。

（三）作者之姓氏

外文资料的作者只写姓氏即可，是中文资料时当然姓和名都应当写明。之所以名字后面只用一个逗点是因为配合着 APA 的格式，正文引用时，注释上只写上名称、逗点、年代、冒号及页数即可，引用后登载时非常容易。

国人对英文名的姓名次序常常产生困扰。中文永远都是姓前名后。外国人则常以名开头，中间可以夹一个 middle name 的缩写，最后才把姓冠上。"姓"的英文叫"last name"，"名"则为"first name"，此为常识。英文的期刊作者名的出现经常是由名而姓,如“Paul K. Abels”,但书目的交代则是以作者的姓氏的字母次序来安排,所以制作书目卡时就要把作者的姓与名调整好,期刊的作者“Paul K. Abels”在书目卡中当然就变成了“Abels,P. K.”了。

（四）页数之登载

页数登载建议不妨直接跟在作者姓氏之后,因为一旦引用在正文中要做注释时,就可以立即交代,非常便捷。

（五）字字引言、第二手资料的内容记载

当然内容卡的写作也有其复杂的一面,例如“字字引言”与“大意摘要”不同;“方块引文”与“小段引文”亦有差异。有时还会碰到所引用的作者又是引用了别人的资料,研究者实际上所引用的是第三甚或第四手资料。此时内容卡的制作就要相当小心,字字引言时,在内容卡上就用引号,若非第一手资料引用时,更应找出原作者(从所读资料后面的书目可找到),交代“引自某某作者”,不要忘了赶快制作一张原作者的书目卡,免得到时一紧张会找不到出处。

第六节　如何写好论文的第二章——文献综述

文献如何写作并没有一致的规格或方法,只要叙述得清楚,概念上层次分明,加上文笔又能被了解(运笔的风格应该是个人的事)便可。但研究者若毫无头绪,或希望能不致犯了大错的话,有一些经验或可供参考。

一、以资料性质为顺序

（一）引言与前提的介绍

开场白中,把研究的背景先做简略的叙述,使读者知道研究的概要。事实上在第一章问题叙述时,可能已经把研究的宗旨与目标多少做了说明,而此时的引言不妨着重在文献的立场上。

（二）理论资料的叙述

文献综述的内容主要分为两大类:理论文献与研究文献。理论文献的重点是在观念的厘清,探讨自变量与因变量的源头,有哪些理论,其重点如何,这些理论如何演化为研究的前提,如何借之以形成研究的假设,又如何演变为研究的变量……

若能把这些来龙去脉在文献综述中交代清楚，文献综述的目标就完成了一大半。

（三）研究资料的叙述

交代完了理论或观念方面有关的文献后，还必须把与研究主题有关的先前的研究做好整理与报告。一般都是针对问题的内容，整理相关的研究及其所得到的种种发现，并做个说明，使读者在文献综述单元中，大致了解有关问题的各种研究情况。

（四）叙述有关假设的资料

研究假设是什么，研究者应该早就胸有成竹，为了在文献之后能够让读者顺理成章地了解你的假设，研究者最好在叙述上预先铺路，好让资料内容能水到渠成地形成假设。

（五）叙述对假设所做探讨的其他方法的有关文献

为了确定研究的必要性，研究者有义务把探讨问题的其他假设也进行介绍，当然在叙述这些文献时，作者也应趁机一一厘清彼此之间的优劣与差异，顺道表明出自己研究的必要性与本身假设的特殊性。

二、以研究变量为主轴

文献综述可以以资料的性质为顺序，也可以以研究变量为主轴来叙述，至于是哪一种较佳，无可定论，主要因论文的性质，以及研究者所习惯的表达方式而定，大体上可参考下列的步骤。

（一）叙述自变量 X 的定义

若研究的题目是“初中生自我肯定与学业成就之间的相关研究”，则开宗明义，先要把何谓“自我肯定”这个论文主要自变量做好说明，使自变量的定义能够明确。

（二）叙述有关自变量 X 的理论性文献

与“自我肯定”有关的理论是什么？不同的哲学与学派又如何阐述“自我肯定”？此部分需把与“自我肯定”有关的理论、概念、哲理、论点，甚或各种争执分析阐述出来。

（三）说明有关自变量 X 的研究背景

与“自我肯定”有关的研究目前为止到底有多少？被研究到何种地步？各有何种结论？各遇到何种难题？研究者应把与自变量有关的相关研究，综合整理出来。

(四) 介绍因变量 Y 的定义(与步骤一同)

(五) 叙述因变量 Y 的理论性文献(与步骤二同)

(六) 说明因变量 Y 的研究背景(与步骤三同)

(七) X 与 Y 两变量之间有关的理论与假设文献

研究的主题是“初中生的自我肯定与学业成就之间的相关研究”,为何这两个变量要放在一起?是否自我肯定的相关研究中已明显遇到难题与瓶颈?与学业成就有关的研究也已经需要从别的研究层面去突破?自变量与因变量的相关研究在这个论文中被如此处理,是否名正言顺?是否经得起在理论与逻辑方面的挑战?若把这些论点讲解清楚,必定可以加强读者对研究者论文的赞同与了解。

(八) 文献结论时,可以绕着研究问题来做结论,使读者在读完文献后,对研究者的架构、理念与来龙去脉都有基本的了解

第七节　结　　论

文献综述若要做好是巨大的工程,不仅平日要对相关的文献多多涉猎,更要注意加强对资料的整理与应用。文献综述所呈现的不仅是资料看得是否足够,还牵涉到整理资料的技巧是否纯熟,资料应用的过程是否严谨,治学的态度是否诚实等。这决不只涉及学问层面而已,更包含了人格的层面,由此更是疏忽不得。此点,与读者们共勉之。

习　题

1. 文献综述在整个社会工作研究方法中所扮演的角色为何?
2. 在进行社会工作研究时,为何要进行文献综述,其在社会工作研究上有何功能?
3. 撰写研究报告文献综述的部分,应注意哪些事项?
4. 文献资料的种类有哪几种?
5. 如何撰写一篇好的文献综述,试从你的研究或他人过去的研究中评论其文献综述的优缺点为何?

第五章

社会工作与质性研究

摘　要

社会工作是新兴的专业，近年来，虽然看到这个专业在蓬勃发展，但也看到这个专业在成长过程中的不少挣扎。其中一个弱点就是在研究法上的争议。社会工作者应该学会判断什么主题用量化研究法，什么主题用质性研究法。不管用什么方法做研究，当事者都应该知道这个研究的特点是什么，缺点是什么，应用性如何，限制又如何，唯有在这种状况中，社会工作研究领域的成果才能愈来愈丰硕、愈来愈成熟。

一般而言，质性研究法与量化研究法在本质上、哲理上，以及对事物的假设上都有差异。质性研究可让研究者仔细并有深度地研究所选择的研究主题，量化研究则能使研究者对所研究的资料有所比较，并能进行统计上的处理。

量化研究与质性研究的适用条件亦有不同，量化研究适用于所要研究的环境和文化事先已有大量的资料，且资料收集较为容易的情况下；若研究的目标是要寻找变量与变量之间的变异、关联或因果关系时，则量化研究较为合适。其资料收集方法包括：结构式的直接观察、事后回溯核对表与评定量表、问卷、自我观察报告、设计“状况”或模拟“情境”、例行的记录、非干扰性的测量、测验等。

质性研究则是通过自然研究对真实世界进行观察，当进入一个很不熟悉的社会系统时，或在一个不具控制和正式权威的情境中时，或当低度的观念概化学说建构的背景时，就需要案主的主观理念定义一个新概念和形成新的假设，此时使用质性研究则较适合。主要收集资料的方法包括：非结构式的直接观察与会谈两种。

此外，社会工作者如何运用质性研究法，包括资料收集、资料分析，观察、访谈的方式、原则、内容与注意事项，都将在本章后半部分详细说明，为初次接触质性研究法的读者们做一个基本且翔实的介绍。

第一节　前　　言

哪段叙述比较能够描绘出一对夫妻的爱情？

一、某对夫妻接受婚姻满意度测量，结果得分 82 分，比一般测验的平均分数(74.5 分)还高。

二、“我们醒来时，已经比平常迟了将近半个钟头，要不是隔壁小孩发动摩托车的声音太大，不知还可以睡多久。最近我们总是有说不完的话，愈谈愈起劲，愈谈愈对味，每次总是谈到三更半夜，能够每晚谈得那么尽兴，实在是种享受，可惜第二天还要上班。每天都是我匆忙地准备好早点，敦促着他赶快吃完，也忙着帮他选领带、打领带、拿公事包，好不容易把一切打点完毕，送他去上班。正要出门时，免不了又是一番缠绵。刚一分开，忙着把桌子收拾干净，把家中的事务都安顿好，可以稍微休息一下，哪知，望着墙上的钟，我知道，该是先生到办公室打电话回来的时候了……”

虽然第二段叙述用了较多的篇幅与文字，但是对于夫妻生活的描绘较为直观。我们很清楚地发现，第二段要比第一段来得具体，给人的“影像感觉”也更为真实。

第二节　浅谈研究法的哲学背景

在心理学界或是行为科学界中，我们也常常以为所谓“科学”应该就等于自然科学。我们只能研究那些看得见的、摸得着的，或是可以计算、测量的，其实 Bettleheim(1982)的叙述或可提供给我们一种新的观点：

“在德国文化中，于弗洛伊德时代，到处充斥着他的著作。他的著作中曾经存在着一个分歧的观点，而这分歧至今犹在，那就是追求知识的两条途径,这两种方法皆被称为科学,且被平等视之。一为自然科学,一为形而上学。这观念深植在德国的唯心论哲学中。这些论调对于了解世界显示了完全不同的方式。在大部分的德语世界,尤其在维也纳,于弗洛伊德生前和在世时,心理学显然是落在形而上学的领域;而在大多数英语国度,心理学则属于自然科学的范畴。"

这段叙述指出研究心理学有两大脉络,一个是自然科学,另一个是形而上学。这两个论调面对世界有截然不同的说法,若从自然科学的角度去探讨,重点是在研究那些可以看得见的行为,但对于内心种种看不见的心灵世界,形而上学或许是更合适的方法。社会工作研究法不仅要对所能看到的行为或现象有所掌握,也应该认真试着分析那些看不见的心灵世界。这就是我们的量化研究和质性研究的开端。

一、量化研究与质性研究的哲学背景

在社会科学的哲学根源中,一般而言,可以划分为三个主要的派别。一个是洛克派(Lockean School),该派别认为一切的认知源于外界可见之物,每件事物都有深浅不同的层次,而相同的层次就会有相同的性质与意义。也因此,相同性质的各种物质都可以进行加减演算。要了解复杂的事物时必须先从简单的事物着手。这种哲学观念,在心理学上就发展成了今天的行为学派,在研究法上也就是道道地地的量化方面的研究法。这种派别也被称为外观派(因为研究时只看外表可看、可数之事物),也被称为经验派(因为强调验证、假设与概推),或称之为英国学派[因为主要是以英国的学者如培根(Francis Bacon)、霍布士(Thomas Hobbes)与洛克(John Locke)等为主],而一般我们称之为洛克派,有别于德国的哲学大师康德学派(Goldstein, 1981; Rychlak, 1977,1979)。

第二个派别是康德派(Kantian School)。康德学派主张经由认知看万物,而此认知是与生俱来的,非全由环境所塑造的,人由认知产生意义,人类生下来不是一张白纸,乃是会选择、会判断、会领悟、会自我学习的个体。各种事物没有抽象的层次之分,最简单的事情可能有最复杂、最抽象的意义;最复杂的事物却可能具有极其简单的含义。此派又可称为内省派(因为重视心理的内在认知),或是德国学派[因为主要以德国的康德、霍赛尔(Edmund Husserl)等为主],但是可以统称为康德学派。

第三派则是混合派,一方面有洛克派的特质,另一方面又有康德派的风味,而符合这种情况的就是弗洛伊德的理论。谈及他的康德本质,弗洛伊德确实也是在探讨看不见的心灵世界,他分析人的潜意识、人类行为的种种防卫机制,研究人的种种自我状况……我们都可将此部分归诸为康德学派。论及弗洛伊德的洛克特质,弗洛伊德强调人的早期经验对人有不可磨灭的影响,他也不断地提及性、驱力对人的控制性……这种武断的因果观即道道地地的洛克学派作风。由于弗洛伊德学说同时有了康德与洛克的学说特质,所以我们可以把弗洛伊德的学说称为混合派。

二、量化研究法的主要假定(assumptions)

从以上哲学背景的探讨中,我们可以归纳出量化研究法的一些主要假定。量化研究者视世界为一个有秩序、有法则,而且极其稳定的"事实",这个事实能被完全地知道,也能被正确地测量。量化研究者把个人、组织与社会(或是他们所要研究的"东西")充分地加以"概念化""具体化"或"操作化",使它们有利于既定架构,而此既定架构就是引导这些研究者去探讨真实世界的主要步骤,量化研究者因此使用设计过的方法,来证实或确认他所引用的理论及其变量间的种种关系。在其研究设计中(向来最标榜纯实验的研究设计),力求尽快确定研究方向、减少研究时别的因素的干扰与影响,使结论合乎逻辑,并且能产生概化的结果。换句话说,量化资料收集技巧用来在特定的、操作定义的社会实体内产生客观的、可观察的、可靠的及数量化的事实(Cohen & Manion, 1985; Reichardt & Cook, 1985)。

三、质性研究法的主要假定

质性研究的主要假定与量化研究的假定不同(Cohen & Manion, 1985; Epstein, 1985; Ruckdeschel, 1985)。质性研究法把现实世界看成一个非常复杂的(不是用单一的因素或变量所能解释的)"现象",此现象是不断变动的动态事实,由多层面的意义与想法所组成。这种现象与事实受环境与情境影响的主角的主观解释不同,也受个体与个体间的互动的影响。人们解释世界的事实有许多不同的方法,而所有社会事实的建构,从最简单的互动到最复杂的组织,是对无数解释不断阐释的结果。质性研究试图探讨社会行为的意义及其与其他现象之间的关系。

质性研究者试图中止研究者拥有“架构”,反对量化研究者摒弃“主观”的研究态度,而认为“主观”也是重要的社会“现象”。质性研究者试图敏锐地观察周遭的现象,了解存在中的事实,探索当事者的心灵世界,记录“当事者”的主观见解及其对现象的解释与意义。它以自然的方式收集资料,平实直叙地记录所看见、听见的现象或是在环境中发现的意义。质性研究法的重点不在于“求证”某种假设,而在于探索某种意义与现象。质性研究的结果是某种概念或变量的发现,某种意义的探讨,而不是研究结果的“概推”。

基于以上背景,质性研究法经常所牵涉的理论,大体较偏向于民族志学(ethnographic research)、现象学(phenomenology)、发现法(heuristics)、民族方法学(ethno-methodology)、符号互动论(symbolic interaction)、生态心理学(ecological psychology)、系统理论(system theory)、混沌理论(chaos theory)、诠释学(hermeneutics)、导向性质的研究(orientational qualitative inquiry)等理论。质性研究的实务,主要是使用观察的力量,对世界的种种现象保持开放性,并设法通过归纳分析来了解世界的本质。虽然质性研究的方法具有极佳的哲学基础和理论支柱,但质性研究的实务应用中经常采用的却只是几个非常基本、简单的方法而已:专注、倾听、观察、保持开放的态度、仔细思考所见所闻的知识并加以整理归纳等(Patton, 1995)。

第三节　质性研究与量化研究的差异

质性研究法与量化研究法在本质上、哲理上,以及对事物的假设上都有差异。一般而言,质的方法,可让研究者仔细并有深度地研究所选择的研究主题,量的方法则较能使研究者对所研究的资料有所比较,并能进行统计上的处理,因此两者在运用的模式上(patterns of utilization)也有所不同(Haworth, 1984)。

量的研究取决于谨慎的研究工具结构,即能确定是该工具所测量的,就是研究所该测量的。质的研究中,研究者即是工具(the researcher is the instrument),质性研究的好坏,取决于研究者的技巧与能力,及其工作严谨的程度(Patton, 1995)。量化研究法与质性研究法之间不是孰优孰劣的问题,而是用法差异的问题,其差异的现象见表 5-1。

表 5-1　量化研究法与质性研究法的差异比较

项　　目	量化研究法	质性研究法
理论背景	逻辑实证论	现象论
目　　标	检验、预测、推论	探索、开发、意义寻求
逻　　辑	主要是演绎法,从既有概念中发展假设检验	主要为归纳法,对未知世界的探索
观　　念	以外来的观察者自居,追求客观	以参与者的角度为主,不排斥主观性
语言形式	将概念操作化,试图以数据来呈现	用受访者本来的语言或系统中生成的暗语探讨意义、目的
研究设计	社会调查、访谈、问卷检视变量间的因果关联	强调探索性的观察和访谈,检视受访者内心世界的意义
研究取向	以证明为取向,证实的、缩小的、推论的、假设演绎的、结果取向的	扎根的(grounded)、发现取向的、探索的、扩张的、描述的、归纳的、过程取向的
研究资料特质	可信的、硬性的、可复制的资料	有效的、真实的、丰富的、有深度的资料
观察方法	强迫的、控制的测量	自然的、未加控制的测量
观察角度	与资料远离、局外人	与资料很接近、局内人
实体的特质	假定实体是静态、稳定的(stable reality)	认为事实经常是动态的(a dynamic reality)
研究结果	特殊的、可概推的	完整的、不能概推的

一、目标上的差异

大体而言,量化法强调检验、预测以及有关社会事实的因果假设,或是研究结果的推论。反之,质性研究法的目的不在于验证,而是在于探索一个较为深奥的、抽象的内心世界。质性研究法也不做推论上的努力,它的重点是新的观念的开发。

二、逻辑上的差异

量化法倾向于演绎法(譬如,应用社会科学以调查法来了解社会事实)。就理论或学说的发展而言,量化法倾向于概念的发展、假设的验证,以使概念有更好的发展,以便详加探讨已知的现象与事实。而质性法多用归纳法(譬如,从社会事实中验证概念和理论)。就理论的发展而言,这种归纳性的策略,重点在于新的理念的发展,它较适用于未知的社会领域。

三、观念上的差异

量化法企图从一个"客观"的立足点来描述社会事实(而所谓客观,量化研究者认为必须完全剔除主观性)。量化法所强调的是将外来观察者带进社会系统的研究里。质性法最常用到的,是采用研究系统中参与者的观点去描述社会事实。其假设前提为:情境中的当事者才能透露出关于他们做些什么、为什么去做的最多信息。我们可以看出来,量化研究以研究者为重点,以他的架构看万物,质性研究者则以当事者为重点,以当事者的解释和认知来解释万事。

四、语言形式上的差异

量化法得以通过语言,将研究的构想(constructs)与概念(concepts)转化成操作性的定义,最后以数据的形式呈现(Weinbach & Grinnell, 1987)。而质性法则运用参与者本来的语言(natural language)和系统中成员的暗语(argot)所赋予这些参与者的强烈"意愿",凭借逻辑归纳和通过每一事件的仔细观察,共同讨论其"意义"。

五、研究设计上的差异

量化法倾向于运用社会调查,运用有结构的访谈、问卷、资料普查以及类似的一些方法。量化法用尽办法来检验两个变量间的种种差异性、关联性或因果关系。质性法则仰赖参与者用谦虚的态度去观察,仰赖较细致、较深入、较长久的访谈(Ramos, 1981, 1985; Watts, 1981,1985)。质性研究强调探索性的研究设计,虽然其研究结果的推论性有限。

六、理论基础的差异

量化法似乎较适存于心理学和社会学的领域。质性法曾经普遍适用于社会心理学与社会工作。然而,这些分歧是属于过去的现象,在未来,专业假设将会通过实务者和研究者的交互模式而有更科学的基础出现，质性和量化研究法亦将随之不断变迁。

总之，在上述的讨论中，一直在不断强调两者之间的主要差异。然而，也有很多例外。例如：量化法有时仅用于单纯的描述目的；而质性法有时则为了因果关系的解释而做调查。姑且不论两者的差异，两种研究法皆是计划性的，是有系统的和可验证的，借着“可验证的”（此词常被误以为是量化研究的“专利”，其实质性研究也有其验证的方法），可将实际经验和亲身观察视为知识取得方法的一种。简而言之，两者均为探讨社会工作知识的有效方法。

第四节 量化研究法的适用条件及其资料收集技巧

一、量化研究法的适用条件

（一）所要研究的环境和文化，事先已有大量的资料时

例如前几年流行的压力因应研究、生活适应研究、社会网络研究等，当资料不少，而一些基本的概念也大致有其共识，在定义或操作性上不会有太大的争议时，可采用量化研究。通常，当调查的领域曾有相当大的观念性发展、学说建构和很多检验时，量化研究就会比较顺利。

（二）案主较容易接近，资料的收集较为容易时

研究的主题或对象是社会所能接受的，量化研究也就比较方便。例如一般人不会因被问及“日常生活中最大的压力是什么”而不悦，回答有关压力的因应，每题都用1、2、3、4、5的方式来答时，也相当容易。但是探讨地铁杀人事件的嫌犯“你为何要杀人时”，并不是设置一些选择性的题目，每题用1、2、3、4、5的方式来回答就可以探讨得到的。

（三）情境比较容易控制，或稍具有权威背景时

一些量化研究，只要通过关系或是得到受访者的同意，调查马上就可以进行。当受访者怕麻烦或因对调查者不熟而有戒备时，研究者可通过权威或关系而得到受访者的配合，使受访者接受调查。运用权威做调查本应能免则免，但适度的权威关系有时会让受访者较为放心，也能使受访者得到更强烈的安全

感,量化研究就可以很顺利地完成。

(四)调查变量之间存在因果关系时

若研究的目标是寻求变量与变量之间的变异、关联或因果时,量化研究势在必行。

二、量化研究法的资料收集

量化研究法的资料收集对象主要以可观察的事物与行为为主(Allen-Meares & Lane, 1990)。

(一)结构式的直接观察

用系统的观察守则,对在自然环境中与案主互动的有关变量做一系统的记录。

(二)事后回溯与评定量表

事后回溯包括静态的描述、个别事件的记录、标准化的情境反应,以及行为记录与特定的指标等。评定量表以等级顺序来判断人或环境的特征。评分(规定等级)是把社会现象都用分数来表达,可以使我们从复杂的行为现象中收集重要的资料(Brandt, 1972)。

(三)问卷

问卷包括核对表、评定量表和一些开放性的题目,以了解当事人的感觉、人格特质、自我陈述的行为、态度、兴趣、环境影响变量等。问卷信度、效度的考虑也在其中。

(四)自我观察报告

收集有关当事者的环境及行为表现的资料,使用纸、笔、计数器、计时装置或电子装置等来观察案主的行为。这些观察在分析之前也都要化为数字,用数字的大小来区分现象的差异。

(五)设计"状况"或模拟"情境"

为了收集有关研究变量的资料,研究者有时会设计一些情境,让受访者以为是在原来的生活环境中经历一个普通的事件,而且他们不知道自己的行为已经被测量。

(六)例行的记录

借物品或符号,有规则地描述正在进行的活动,如缺席记录、医院记录、入学记录等。这是一种迅速可得,而且不引人注目的重要资料来源。

（七）非干扰性的测量(unobtrusive measures)

运用一些可测量的追踪方法，如方案、地区或服务的使用频率，或用存在的物体、环境或现象（如一个地区的空瓶数、围墙的高度或形式）来判断一些有关的信息（Webb，Campbell，Schwartz & Sechrest，1966）。

（八）测验及量表

借用一些测验量表，来测量当事者的智力、成就、人格、兴趣、态度、知觉反应与价值体系等。这在量化研究中甚为普遍。

第五节　质性研究常用的方法及适用条件

一、与质性研究较有关联的研究法

质性研究的主题，依 Patton(1995)的看法，主要建立在一些相互关联的主题上。

（一）自然研究法

研究者不企图以人力操控研究情境，对任何在研究中显现的事物抱着完全开放的态度（Parlett & Hamilton，1976），有什么记什么，是什么就写什么。

（二）归纳分析法

专注于资料的详尽，分析资料的特性，可用归纳的策略来发现有关概念的范畴与向度，及其概念间的相互关系（Glaser & Strauss，1967）。

（三）完形观察法

把整个现象解释为一个复杂的体系，而非部分的总和，把焦点放在各个部分相互依存的关系上（Brnyn，1966）。

（四）质的资料

看重详尽的描述、深度的探究，重视对个体的个人观点的切实掌握，以及经验的直接引述。

（五）个人的接触和洞察

研究者直接接触所研究的对象、情境、现象；研究者个人的洞察与发现是研究的重要部分，也是了解现象的关键（Denzin，1978a；Bruyn，1963；Taylor & Bogdan，1984）。

(六) 动力的体系

重视历程,无论研究的焦点是个体或是整个文化体系,所有的事物都是动态的,都是随时在变化的。

(七) 独特的个案导向

假定每个个案都是特别且独一无二的,对每个个案的个别化的细节都需重视。若要做跨个案的分析时,需取决于个别化的个案本质(Stake,1981)。

(八) 情境脉络的敏锐觉察性

必须把发现的结果与当时的社会、历史,以及情境脉络取得架构上的联系。针对个案受访者所经历的事件,也总会有某些重要情境及关键点,研究者应随时保持敏锐的观察力与感受力。

(九) 同理的中立

质性研究不认为人可以完全客观,纯粹的主观会使研究缺少信度,但研究者应遵守除资料以外不额外提供什么,除了受访者的感受,研究者不节外生枝地倡导某些理念,不干预个人议程的进展,只是了解,以世界的复杂性来了解世界;研究者的个人经验和洞察力可以成为相关资料的一部分,然而对可能浮现的内容应采取中立的、非判断的立场(Scriven, 1972b; Borman & Goetz, 1986; Krenz & Sax, 1986)。

(十) 设计的弹性

若对情境的了解已有了足够的深度,或是研究的情境有所改变,研究的架构与方向则可加以调整。

总而言之,质性研究是通过自然研究对真实世界进行观察;经由归纳分析、对脉络情境的敏锐觉察性与完形的观察,来保持所研究事物的开放性;强调个人的接触和洞察;注意动态的历程,借由独特的个案导向,欣赏该个案的特质差异性;秉持其同理的中立立场,提供一个架构,以作为开发特定的设计,以及具体的资料收集策略之导引(Patton, 1995)。

二、较适合质性研究的情境

(一) 进入一个很不熟悉的社会系统时质性研究较为适用

当一个研究的主题鲜为人知时,质性研究较为适用。例如自杀者的心声、吸毒者的告白、同性恋者的心酸……纵使这些题目有人研究过，但也只是笼统的探讨，无法触及当事者的内心世界。一旦当事者的心路历程是研究的主要项目时，那质性研究就是最好的方法。

（二）在一个不具控制和正式权威的情境中，质性研究较为适用

由于质性研究主要探讨当事者的心灵世界，挖掘案主的血泪心酸，了解当事者对事、物、人的意义与目标，而这种层面的调查绝不是靠肤浅的权威或控制就可以完成的。此时必须得到当事者的信任，让他觉得在研究者面前可以尽情地叙述他的看法与心声，调查方能顺利完成。当然这也需研究者具备细心与敏锐的观察力，才能做好质性研究的工作。

（三）研究的概念仍低度开发，相关的理论建构仍不完全时

若是一个研究的主要变量与定义均在模糊不清或仍具神秘性的阶段时，我们若是马上用量化的方法给予其操作性的定义、赋予变量之间以假设关系时，则研究方向一定会有所偏差。此时，必须先以质性的方法做探索性的研究，才能给未来的量化假设提供主要变量、假设与推论的方向。

（四）需描述复杂的社会现象，需案主的主观理念时

问一个社会地位极高的人为何要自杀，并不是用我们一般人的“客观”态度就可以了解其全貌，而是需要当事者主观的意念、其对人生的看法与经验、他本身的认知过程等才能真正了解。同样，我们有理由说，真正的客观是由很多人的主观集合而成的。当实际参与者把所见所闻、所思所言，在毫无阻碍的状况中陈述出来时，一个客观的事实才能顺利地呈现出来。

（五）定义一个新概念和形成新假设时

研究新的概念，或探讨一个极具开创性、突破性的假设时，质性研究是较为适合的研究方式。

三、质性研究资料收集的技巧

（一）质性研究的人为导向

Lofland(1984)指出，质性研究在收集资料时，有四项以人为导向的要求：

1. 质性研究必须对研究的人与情境非常接近，才能深入地了解详情；

2. 质性研究者必须掌握实际所发生的事，清楚了解当事者口中所说出话语的真意；

3. 质性研究者必须对大量的人、物、种种活动、各类人际互动,以及各种场合的情况做好详尽的描述;

4. 质性研究者必须对人们所说的话和书面的文字做直接的描述与分析。

总而言之,质性研究的理念与量化研究不同,当然收集资料的方法也会有所差异,其技巧主要靠观察与会谈而来。

(二) 非结构式的直接观察

研究者需以叙述的形式记录所直接观察的环境、当事者,及当事者与情境所发生的互动状况。观察记录通常是在观察时或观察一结束马上记下。其记录的技巧包括生态的描述、样本记录、轶事、实地记录。当然这种记录方式也有其限制,因为到底要记录什么本身就已经很主观,而记录时的解释与推论也会存在资料的主观性(Brandt,1972)。

(三) 会谈

会谈是社会工作技巧中最重要的技巧,它是在一个有目的、有问题导向的谈话中,以有效的沟通与说明,来获取所需要的资料的过程。有"结构式的会谈",提供标准化的表格,以预先安排的固定项目、开放性的回答方式向案主逐题访问,以获取所需要的资料。有"非结构式的会谈",以有弹性的、非标准化的格式,只提供足够的结构或引导,使访问的焦点放在主要的议题上。缺点是在记录的过程中难免会对受访者产生影响,记录的问题也没有办法标准化,对重要的细节也很难有完美的记载,而且个案的被访者若有掩饰与伪装的行为时,也会使资料产生偏差(Selltiz, Wrightman & Cook, 1976)。

第六节 量化、质性研究法在社会工作过程中的运用

一、量化研究与质性研究各有所长

从量化的角度而言,社会工作的研究路途颇为坎坷。早期,社会工作并没有像样的研究,我们只在详细的个案记录中求生存,分析哪句话讲得好(因为有了同理心),哪句话讲错了(因为违背了案主自决的原则),或是探讨哪个个案处

置得有功效(因为能使当事者的问题迎刃而解)……社会工作早期的研究颇具记录性、叙述性,而且不断地强调社会工作的原则性;早期的社会工作排斥“研究”,害怕“研究”,究其原因,主要的问题出在我们对研究的训练不够上。一直到 20 世纪 70 年代,由于专业化的要求,再加上博士论文的趋向,才有大批的量化研究出现。

从整个社会科学界来看,目前为止,量化研究法仍比质性研究法有更多的优势,量化研究法较被推崇。但最近有愈来愈多的社会工作者发现,光是量化研究的调查法,并不足以对事件问题发生的始末做一清楚的描述,所以社会工作者开始寻求一种较为宽广的研究法,也就是所谓的质性研究法。Taylor(1977);Dabbs(1982);Van Maaneu, Dabbs, & Faulkner(1982)等将自然主义的质性研究与实证主义的量化研究做了比较,认为质性研究较倾向于社会工作专业的内在逻辑,且更与社会工作的实务相关联。他们也列举了发现取向与证据取向的冲突(量化研究法通常被认为是采证据取向,而社会实务工作者则采发现取向),因此他们预测,质性研究将成为社会工作发展的思潮。De Maria(1981)、Heineman(1981)、Geismar 及 Wood(1982)等甚至指出,实证性导向的研究和社工传统是不相容的,社会工作专业应看重质性研究,而非量化研究。

然而,Tripodi 及 Epsfein(1988)却在一个方法学的应用上指出,质性法比量化法更适合社会工作专业是一种“迷思”,因为谈到适用与否,要考虑研究方法的可用性、社工理念的一致性、社工实务的适合性、研究方法的可实施范围,以及经费上的问题等。而仔细分析时,他们发现:目前,对社会工作者而言,量化法比质性法更为可行;对社工理念的一致性而言,质性法优于量化法;在社工实务的适用性方面,质性研究由于在“语言”上较接近社工实务,所以优于量化法;在研究法可实施的范围上则优劣互现;经费的考虑方面,量化法较质性法经济。如此一来,我们可以很清楚地看出,在社会工作专业领域中,硬将质性研究法与量化研究法划分为二,使之井水不犯河水是不理智的行为。而两者之间的可混合性,也可以在不少文献中看到,而其也相当具有说服性(Geismar & Wood,1982)。

再从社会工作的实务内容来分析,社会工作过程一般可分成三个主要的部分:评定(assessment)、处遇(intervention)与评估(evaluation)。而这三个部分可以再分成不同的阶段。在这不同的阶段中,量化法与质性法都有不同的功能与作用。Allen-Meares 及 Lane(1990)把两种研究法在社会工作实务中的应用做了一个很好的整合,值得社会工作者参考(见表 5-2)。

表 5-2　社会工作过程与资料收集技巧

阶段(Stages)	主要研究法	资料收集技巧
开始的介绍与资格审核	质性	非结构式会谈 例行的记录 非结构式直接观察
评定		
开始的评定	质性与量化	结构式的直接观察 测验 例行的记录
问题界定	质性	实地笔记 会谈 生态的描述
问题说明	量化	评定量表 成效记录 强迫测量
最后的评定	量化	结构式直接观察 结构式会谈
处遇		
因果的	量化	—
理解的	质性	—
评估		
行为的	量化	直接观察 模拟 自我监督报告 例行的记录
内心的	质性	会谈

从这个分析中,我们可以肯定:在社会工作实务中,一个优秀的实务工作者不应该在两种研究法中有所偏颇,一个优秀的社会工作人员必须同时拥有质性与量化研究法的技巧。

有关国内社会工作的研究趋向,从 20 世纪 80 年代开始就以量化研究为主流,在各个学校的硕士论文中大部分是量化的论文,在各校研究法的教学中,不管研究所或是大学，也都是以量化法的架构、思想脉络为经纬。虽然不少人在理智上、情绪上或是专业关系上多少仍“钟情”于质性研究，但是对于如何做好质性研究，如何掌握质性研究的技巧、原则、步骤等基本问题却没有办法回答。直至今日，质性研究已成为国内硕博论文研究方法的主轴，有关质性研究的原则、精神、步骤、技巧等，更值得我们深入研究。

二、质性研究法的精神与原则

（一）重点放在事实的本质上

质性研究没有预设的假设与立场，问卷的方式也避免用封闭式的题目。所重视的是当事者真实的感受与其对事物的看法，而研究者认为，本质如何，研究的结果就应该如何。

（二）强调事实的整体性

这一点完全符合社会工作的精神，即看重一个人的整体性。因此了解一个人时，质性研究不像量化研究般不断地把研究的主题切割、操作，好让它能够在研究者的架构中呈现研究的目的。质性研究是以当事者为主，重视当事者周遭种种的关系，“同时且整体”地去了解当事者对该事、该物、该人、该环境所赋予的意义。

（三）细致地探讨人与人、人与事之间的种种无穷尽的互动关系

人与人之间的互动绝对不会像问卷那样单纯，那些复杂的、细致的、错综的互动与相互关系应该是质性研究不可忽略的重点。

（四）不忙着概化，不急着探讨因果

一些对质性研究不以为然的人，最常见的批评是：样本少、没有抽样，所以不能概化，当然也算不出变量与变量间的因果关系。其实概化与因果根本不是质性研究的重点所在。

（五）不排斥人的价值观的存在，认为这是必然的，同时也是可贵的

质性研究不认为主观有什么不好，认为每一个人都有其特有的价值观，对事件都有其特殊的看法。质性研究的好处也就是能够正视每个人都有的主观性、价值判断、对事物的意见与感受，而且试图把这些东西加以探讨、分析、整理，并且予以抽象化，以让这些东西可以成为一种变量或概念。

（六）研究结果的非绝对性

在做结论时，不追求事情的绝对性、因果性，认为一切都是相关的，都是可

以再加以讨论的(negotiated),所以研究的结论也是暂时性的(tentativeness),而不是绝对的、必然的。

三、质性研究法在社会工作中的运用

质性研究是相当有趣的,但是它比量化研究较不易抓住重点,而且因为质性研究的分析永远没有止境,所以在其“成果”的掌握上并不是那么具体(虽然质性研究的过程生动、有趣、非常人性化,在资料在整理时也很动人、可读性很高)。因此,比较保险的方法是用半结构式的质性研究,或者采用 Mallndo (1979)的模式,用简单的量化方法(只有基本的次数分配),加上很深入的面谈访问,很仔细的内容分析,这样也会获得很有创意的研究发现,且说服力不比任何采用最深奥的统计方法的研究逊色。以下,我们将分析社会工作领域如何引用质性研究法。

(一) 适当的题目设计与选择

质性研究的目的主要是探索问题的深度,或了解现象的意义。所以质性研究的题目一般应该是较为特殊的,连基本的定义、变量都还未被仔细定义的。以东海社工所的经验来看,其几年来的质性研究题目有:雏妓研究、自杀者研究、吸毒者分析、虐待儿童的父母分析,或器官捐赠者家属研究、大学男同性恋者研究等。当然,在质性研究中,研究者也必须确定研究的主要目的是什么,是基础研究、应用研究、总结性评估研究、形成性评估研究,还是行动研究等。虽然都是质性研究,但当目的不同、分析的角度不同时,其定义现象的角度也就不同。

(二) 确定分析的单元

分析单元可以是个人、团体、方案项目、整个方案,或是组织、社区、关键事件等,视研究题目与研究目标而定。从社会工作的角度来看,质性研究大体以研究个人或进行方案评估研究为主,当然组织、社区、事件等也可以是我们研究的范围。但是社工同仁应该有所警觉:一般而言,能用量化研究的问卷可以得到答案的研究题目,而不必用质性研究的访谈方法,大费周折去探讨现象的意义。要准备做质性研究时,应当先自问“这个问题,用哪种研究方法比较容易得到答案”,一个三言两语用量化的方法就可以了结的问题,大可不用长篇大论去解释;一个两三分钟就可用邮寄问卷邮寄表达清楚的题目,何必用三四十分钟的质性研究方法去访谈？我们当然可以用质性研究的方法去探讨一个组织机构的问题，但是，一般组织机构的回复是否需要质性研究那么丰富的回答方式？这就值得考虑了。当然，调查组织内个别成员的感触、心得、深度意见时，采用质性研究的深度访谈那就无可厚非了。

（三）质性研究法的抽样种类

质性研究主要针对少量的样本做集中深入的分析与探讨，有时甚至只研究个案而已。所以质性研究中的抽样方法，大大有别于量化研究中的或然率随机抽样法，而是采用立意抽样法（purposeful sampling）。所谓立意，其实就是有别于量化研究一定得采用随机的方式来取得样本。而是依据研究的目标来决定研究的对象，决定采用何种样本。立意取样在于选择资讯丰富的个案（information-rich cases）做深度研究，因为这些个案含有大量对研究目的相当重要的信息与内容。仔细分析，立意取样也有很多类型的抽样（Patton，1995）。

1. 极端或异常个案取样（extreme or deviant case sampling）

极端或异常个案经常含有丰富的资讯，这些个案可能极为棘手，但也因此具有特别的启发性，社会工作实务界中一定有不少这类的个案，不管是成功的抑或失败的，正常或是反常的，都可以成为质性研究中极其可贵的研究样本。只要合乎研究的目标，资讯又丰富，极端或异常个案都可成为质性研究的对象。

2. 深度抽样（intensity sampling）

深度抽样的样本是由具有该问题的代表性（而非极端或偏激），而且资讯丰富的个案所构成。极端或异常个案是因其过分特殊而歪曲了研究现象的呈现，因而不纳入样本中。深度抽样则是寻求可以典型或充分地代表研究对象的个案。在一般发现式研究（heuristic study）中经常会使用深度抽样法，以找到最有代表性的个案。

3. 最大变异抽样（maximum variation sampling）

顾名思义就是选取的样本具有彼此对立的差异性。这样方便找出他们之间的变异数。此抽样法的主要目的，在于抓住并描述参加人员因彼此差异所产生的变异数，或是形成方案变化（方案产生变异）的主要论题和结果，借着小数额的样本和彼此间的差异性，就能够产生较大的变异数，这种大量变异中呈现的任何共同性均有其特殊的意义和价值。当选择这些变异多的小样本来分析时，研究者必须对每一个个案做详细、准确的描述，以便确定其独特性。若这些个案呈现共同的特质甚或模式时,研究者必须对异质性的样本能产生同样的特质或模式做出适当的说明。在进行某些方案时,有时候会故意选用具有不同经验的个人去经历同样的方案处遇,因此,研究者就可以比较彻底地描述出这些方案对受访者所产生的变化。

4. **同质性样本**(homogeneous samples)

为对某种现象做深入研究,尽量选择具有此种现象的同质性的样本来访问,此为同质性样本取样。此方法与最大变异数的主旨不同,研究者不找最大的变异性样本,而是选择一些同质性样本,以便对这个特殊的组群做深入的研究。例如受虐女性对两性关系的态度的质性研究中,研究者可以把研究的焦点放在受虐女性上,而不是放在一般女性上。要研究高教育水准的受虐女性时,就把样本集中在高教育水准的同质女性,除非你要比较高教育与低教育女性的差异,你才采用最大变异数的样本。

5. **典型个案抽样**(typical case sampling)

若研究的重点是探讨一个较鲜为人知的现象与问题时,以该问题的典型个案为研究的对象,是很有效的研究方式。当然何谓"典型",争论颇大,必要时可以从调查资料,或人口分析后的平均资料来做决定。例如以质性的方法做"某少数民族的金钱概念及消费行为"研究时,到底要找谁当研究的样本,研究者不妨以某少数民族的人口统计资料为主:平均年龄为 39 岁,劳工,居住于都市,月平均收入约为 7 000 元……典型个案的抽样方法应该以满足这些条件的某少数民族人为对象。

6. **分层立意抽样**(stratified purposeful sampling)

若在使用典型个案抽样时,研究者取一些包括高于平均、等于平均,以及低于平均的个案时,即为分层立意的抽样。其目的是要掌握主要的变异,而非找出其共同的特征。分层立意抽样与分层随机抽样不同,主要是分层立意抽样的样本很小,所以不可以用来做概括性的类推,也不具统计的代表性。

7. **关键个案抽样**(critical case sampling)

使某现象产生急剧变化的因素为何?关键人物是谁?最好访问到这些关键人物才能使之真相大白。换言之,访问的重点放在那些使事件产生变化的关键者身上,或者放在因某种原因对整个事物产生关键影响的人物身上,关注这些人在所研究的现象发生时的行为、意见或态度,此种研究方法中的这些人即为关键性个案。

8. **雪球或链式抽样**(snowball or chain sampling)

研究者根据研究主题，向有关人员询问“谁对这事了解最多”“我应该找谁谈”……通过向许多人询问应该向谁请教的方式来增加拥有丰富资讯的个案，雪球也因此愈滚愈大。例如畅销书 Peter & Waterman 的《追求卓越》，以及 R. M. Kanter 的《改变的精英》(*The Change Master*)，都是用这种选样方法得到极有代表性的样本的。

9. **效标抽样**(criterion sampling)

先拟订该研究或现象的标准(criterion)，再研究符合这些标准的个案。例如“施虐父母的辅导方案失败之个案研究”，标准若定为曾参加八周辅导而毫无成效的施虐父母，则研究时必须以符合这些条件的研究对象为主。

10. **理论性或操作性建构抽样**(theory-based or operational construct sampling)

比效标抽样还较正式的基础研究形式便是理论性或操作性建构抽样。例如行为矫治方案对霸凌初中生的研究，研究者根据行为学派理论的重点与原则，并针对霸凌的定义铺陈清楚后才能进行抽样，此为理论性建构抽样。根据理论，对样本的潜在表征及代表性，从其事件、生活片段等都加以定义后，把研究的现实事例加以操作化后再来取样则为操作性建构抽样。

11. **验证性与否证性个案**(confirming and dis-confirming cases)

若某种概念或理论业已经过验证的一段时间后，若要再度检验或证实是否有其他的形式，或该理论可否包含其他的含意时，研究者可以根据新的资料或个案来验证该理论的效度。而这种阶段的验证，从质性研究的角度来看，若有合于理论的验证性资料，可增加原有理论的广度、深度和信度。研究者亦可从对立的理论或样本中取样，因为这些不合原来理论的资料可以作为研究者反向解释的来源，并使原来理论的范围更加明确，此种为否证性取样。

12. **机会抽样**(opportunistic sampling)

研究者在实地工作中，往往需要做出及时的抽样决定，以掌握时机、充分利用资源，所以可能一些即时性或新形式的抽样方法会被临时使用，以充分抓住“意外”。机会抽样可以利用事件发生时的一切机会进行。例如社会工作者可以因发生某个家暴新闻,以附近两周的家暴案件做分析,以发现新闻事件对家庭暴力所产生的学习效应。

13. **立意随机抽样**(purposeful random sampling)

质性研究常常选择小量样本做深度研究,这并不意味着质性研究就不能用随机抽样的方法;若能适时地使用,更可增加研究的信度。因此研究者若把所要做的个案资讯系统化,然后设计所要研究的个案的随机抽样程序,即为立意随机抽样。

14. **抽取具有政治重要性的个案**(sampling politically important cases)

这是关键个案抽样方法的另一种,但以选择具政治敏感的场合或分析单位为主。例如,美国的水门事件牵涉了总统尼克松的辞职;我国台湾的"美丽岛"事件也大大左右了政治生态,所以有关这类政治事件的研究在质性研究中相当重要。有关"社会工作者"相关政策文件的颁布过程,若从政策发展的角度来看也别具一格,要了解国内的社会工作发展,对相关政策、文件的颁布过程予以研究,想必颇具意义。

15. **便利性抽样**(convenience sampling)

这是纯粹以便利性为主的抽样方法,只要迅速便利就可以取而用之,这是最不尽如人意,最没有办法的办法,却也是最常见的办法。许多质性研究者常以为,反正研究的样本太小,不必考虑到样本的代表性,也不必讲究研究的推论性,所以就以这种唾手可得,而且不用什么花费的"便利性抽样"。其实,质性研究仍然要考虑所研究问题的特性,选择最适当的样本来研究,才能使研究得到最丰富的结果。

质性研究到底要采用何种抽样方法?与其说以上十五种方法都可以用,不如说,应该从十五种方法中选择最适当的方法才是最妥善的做法。其实研究者也可以从其中选择几种加以整合使用,但需以研究的主题为轴心来考虑。若研究的主题是以某历史事件为主,那关键人物的抽样势在必行;若调查对象涵盖那个问题的各个层面,那分层立意抽样可能是合适的方法……每个质性研究的架构、重点、意义等都不会相同,所以每个质性研究的抽样方法都要分别说明,千万不要什么都以"立意抽样"走天下,总要以如何访问到最适当的样本,如何得到最真实、最丰富、最具意义的内容为抽样的重点为宜,而且在研究方法的陈述时,都要明白交代。

(四) 样本的大小问题

样本的大小是质性研究法中最暧昧、最含糊的单元。一方面,它具有目的性的策略(每个质性研究的目的不同,样本数也因此而异),另一方面,却无方法论的规则。它具有研究的方法,却无统计的公式,因此“质的研究似乎十分适合于极能容忍模糊暧昧的人所使用”(Patton, 1995)。到底质性研究需要多少样本? 没有人可以给予标准的答案。有的只以个案为研究对象;有的访问了五六十个,甚至近百个个案;但大体以二十至四十为样本量者较多。话又说回来,这要看何种主题、取样的难度,以及访谈的深度而定。若取样难,如李忠翰(1996)的“大学男同性恋者研究”只访谈了一二十位男同性恋者;陈武宗(1995)的“艾滋病患研究”也只有十几个样本而已。国外的质性研究中,如 Malluccio 的“Learning form Clients”事实上也只有三十几个样本。当样本数不多时,理所当然地,分析的角度一定要加深,否则找不出什么质性的研究意义。总而言之,样本的规模与研究者想知道什么、为什么要知道这些、如何使用这些研究结果,以及现有的研究资源有多少有关。

质性的研究者常在论文答辩时吃尽大亏:常常因为样本的代表性及类推性的问题,被不喜欢或不清楚质性研究的教授,以或然率抽样的逻辑、目的,及通用的样本规模来批判质性研究的抽样,从而使质性研究者立场窘困。其实,对样本的判断应该从研究的主题与环境做考量。不要忘了,Piaget 对自己的两个小孩做长期深度的观察,使我们对儿童思维的认识有了很大的进展;弗洛伊德的心理分析理论,只是从不到十个的病例中就奠定了基础;Bandler 及 Grinder (1975a; 1975b)在研究了 Erickson, Peris 及 Satir 三位著名的治疗家以后,就建立了精神语言程序(NLP)。所以,与其在质性研究的样本规模上大费周折,不如在质性研究的效度、意义,以及所能产生的知识、样本本身所蕴含的资讯程度、研究者的观察分析能力等方面详加推敲更具意义。此外,Lincoln 及 Giiba (1985)的建议值得研究者深思:以多余(redundancy)为分界点……在立意抽样中,样本的大小由资讯因素所决定。如果研究的目的在于获取最多的资讯,抽样只有在新的样本已无更多的资讯可取时方可停止。因此,多余为其样本的标准(作者按:意思就是说,质性研究的取样应该取到再多的样本也不能供给新的资讯时才停止)(Patton, 1995)。

第七节　质性研究资料的收集——观察

一、三角检验法

质性研究基本上属“主观”的研究，但在研究态度及资料收集方面却必须尽量“客观”。为了研究客观起见，质性研究中，一个加强研究设计的重要方法是借助于“三角测定”(triangulation)，指在研究相同的现象或方案时使用多种方法。Danzin(1978b)把三角测定分为四种类型：

(一) 资料三角测定(data triangulation)

在研究中利用不同的资料来源。

(二) 研究者三角测定(investigator triangulation)

使用不同的研究人员与访谈人员。

(二) 理论三角测定(theory triangulation)

使用多种观点取向去诠释一组资料。

(四) 方法论三角测定(methodological triangulation)

以多种方法去研究一个问题或方案。

研究者若在质性研究中持有三角测定的“研究态度”，一定可以使研究结果更加丰富，才能达到真正的“客观”。

二、观察的训练

为了探讨真相，研究者决定到实地观察，并且以为观察就可以看到事实，深信通过观察就可以发现真理。但事实并不尽然，因为人们所“看到”的，完全取决于他们的兴趣、偏见和背景知识，所以说“Seeing is Believing”(眼见为凭)其实是过分乐观的话，Katzer 等(1978)在其 *Evaluating Information：A Guide for Users of Social Science Research* 一书中的“观察”单元中，居然用“*Seeing is not Believing*”为名，来说明观察到的并非全是事实。

质性研究中若要做好观察的任务，必须先好好训练观察能力，这些训练包括：如何做出描述性的叙述；如何做好实地记录；如何区分细节与琐事；在资料繁复时，如何在不受后者的影响下做好前者的记录；此外，还要学习使用精确的方法去证实观察。经过训练成为一个熟练的观察者，和受训成为熟练的统计人员同样是严谨的过程。

三、观察的准备

除了观察的训练，观察的"准备"也很重要。所谓准备包括：思想、身体、知识和心理等几个方面。微生物学之父巴斯德（Louis Pasteur）说："在观察的诸多领域里，机遇只垂青那些有充分准备的人。"思想准备指在观察过程中集中注意力，因为观察需要全心投入。观察需要研究者之眼、耳、味觉、触觉、嗅觉等感觉的应用，因此需要做好身体的准备。观察者还需要足够的知识，否则他无法做好深度的观察；当然观察者的心理必须成熟，否则观察的过程必然会产生不必要的障碍。

四、观察的内容

再好的观察者也不可能把一切都观察清楚，就如摄影机一样，观察必须有焦点或焦距，才能使观察清楚。在实地观察中，这种焦点由研究设计和研究问题的本质来决定。但是，一旦进行观察，研究者必须组织整理所经历的复杂现实，如此才算是抓住现实。质性研究中，有经验的观察者常采用"敏感性概念"（sensitizing concepts）来引导观察的进行。所谓"敏感性概念"是指根据研究主题的基本架构，强调某些事件、活动或行为的重要性。例如，研究雏妓问题时，其敏感性概念可能是：父母亲关系、童年经验、挫折处理、感情及性经验，以及同侪影响程度等。此外，研究者不能完全空手进入实地去观察，他必须把组织现实复杂性的某些方法或概念事先准备妥当，这些概念包括：情境脉络（context）、目标（goal）、处遇（intervention）、接案（intake）、实施（implementation）、历程（process）、成果（outcome）、成品（products）、影响性（impacts）等。若能根据研究主题把这些概念操作化，知道进入情境时要看哪些"东西"，在态度上"谦虚受教"，在研究的准备上"胸有成竹"，其观察研究一定不致"入宝山而空手返"。

五、资料来源

质性研究若以观察的方法获取资料，其资料来源如下。

（一）案主所处的自然环境

若研究对象是机构，则对该机构的服务自然环境做观察，若研究的对象是“雏妓的家庭环境”，观察时，就以该案主的家庭自然环境为主。做自然环境(场合)的观察诠释时，尽量不要使用形容词，而是对该环境的自然现象做叙述即可。如“案主的家实在又脏又乱”，此种叙述不妥；“一个不到7平方米的‘通铺’是全家五口的卧室，各人的衣服散落四处，空气污浊不堪，甚至还有强烈的尿骚味……”此种描述则较佳。

（二）人文与社会环境

社会环境的观察中，研究者寻找人们将自己组织成团体或次级团体的方法。当事者与最亲近的家人与朋友之间的关系为何，与学校、社团是如何互动的，有关互动的方式、频率、沟通的形式及导向，以及这些不同模式间的种种进展与变化等都是当事者的人文与社会环境。

（三）方案实施的过程和正式活动

若研究的主题是用质性的方法评估一个方案，则方案如何进行，有哪些活动，参与者在方案中各做哪些事等问题，研究者都应该有所交代。若在观察诠释中，又能把这些活动划分为不同的阶段，或是对其流程与顺序也做出分析，则会使诠释更具说服力。

（四）非正式的互动和计划外的活动

所观察的对象，在方案外或计划外的活动，对质性研究者而言亦相当重要。例如，儿童受虐待的家庭访谈，与当事者(父亲)访谈时，他与配偶之间的眼神传递，幼儿在旁时的神情都不应忽略，有时在非正式或计划外的观察中所得到的资讯比正规的访谈还要丰富。

（五）方案或案主的本土语言

研究者在观察时，所做的记录应该精确地包括案主或参与者所用的本土语言，以便使读者能体会当事者在其固有的文化或次文化中的风格和意义。当一个人尚未理解某一文化中的人们所说的语言时，是绝对无法了解那一个文化的特质的。同样地，社会工作研究者若要精确地了解案主的心境，应对其语言的了解下功夫。

（六）行为语言的了解

社会工作者早就知道沟通的复杂与奥妙，而在互动中，行为语言更是重要的沟通项目，举凡该受访者的表情、情绪状况、穿着、语气、姿势，甚或讲话的内容、格调等都是行为语言中的重要信息，可供研究者参考。

（七）非干扰性的指标

从受访者的衣着打扮或可知道他的品位，从他的家庭摆设可以知道该人的格调与嗜好；从一个地区的各个家庭铁窗设置可以知道该区域的治安情形；从一个艺术馆的地毯磨损状况可以知道哪幅作品或单元最受民众的光顾。在观察时，这些非干扰性的指标都是重要的资料。

（八）方案文件

文件与记录对有心人而言都是重要的资讯来源，若研究者能够对这些文件细加考察、严以推敲，也可以从中获得重要的内容。研究者应当尽量从不同的文件资料中寻找可利用的信息，举凡研究对象的日常记录、信件，机构的组织章程、规定、备忘录、图表，及与其他机构来往的公文等，这些资讯都不是借着研究者的“观察”就可以得到的，还需要研究者用心地收集和阅读方可得到。

六、观察资料的记录

质性研究过程中，最令研究者伤神的是记录的誊写。而质性研究能否成功，关键是记录是否足够研究者去分析。观察记录，一般称为田野笔记（field notes），是观察者研究的依据。观察记录包括观察者认为值得注意的一切内容，研究者千万不要相信自己将来一定可以回忆得起来，在访问的当时，或是在观察一个正在变动中的现象、一些有意义的现象、一些奥妙的互动发展，都需要研究者抓住那一瞬间，赶快记入笔记中，免得那一刻的灵感随即流失。

质性研究经常以较特殊的问题、个案为研究对象，若当事人同意接受访问已是相当不容易，若再要求当场记录或录音，可能会使他们望而却步。受访者若不能同意当场录音或记录时，研究者在每次访谈完毕以后，应赶快把当时的情境尽可能回忆，并周详地记录下来，否则研究的结果一定大打折扣。

在做观察记录时，最大的学问是该如何记录。通常记录是描述性的，应该标明日期，而且应该把基本资料写上，如地点、在场人员、自然环境、社会互动等。记录不可以太含糊、太概括，最好是详细又具体。

(一) 太含糊、太概括的记录

"受访者对研究者有很深的敌意。"

(二) 较详细、具体的记录

"被指为虐待亲生儿的母亲一谈到孩子的管教情形时,整个音调都提高了起来,冲着我说,'你结婚了没有?''你有没有小孩?如果没有你懂个屁,谁比我爱小孩?你有爱心我就没有?如果这个孩子现在不教,将来不成器时要怪谁?你们这些社工很奇怪,没事也要说成有事,这个社会就是你们这些人搞乱的……'"

观察记录应尽量包括所看、所听的一切,最好是直接的摘录,要不然起码也是接近于直接摘录的回忆。这种摘录对于捕捉内省观点(emic-perspective)——当事者对现实的观点——对大多数文化人类学研究而言,是绝对不可少的(Fetterman, 1989)。

除了记载所见、所闻,观察者自己的感受、对事情进展的反应,以及对事情进展的种种感触和意义、思考特质,也是日后在分析观察记录时重要的依据。

七、资料的收集——访谈

质性研究最重要的资料来源就是访谈。但是质性的访谈与量化研究的访谈大大不同。质性研究的访谈主要去发现存在于受访者心中的是什么,尽量去接近受访者的观点与取向,而不是将事件放进受访者的心中,不断设法要他对某事表示意见或看法。质性访谈的目的是设法从受访者口中找到一些研究者无法直接观察到的事件与看法。在观察中,研究者无法理解受访者如何组织他自我的世界,无法清楚受访者对于各种事件所赋予的意义,除非借着访谈,研究者才可以进入受访者的观点世界里(量化研究则是试图把受访者的可能反应与回答完全局限在研究者本身的架构中,而不是让受访者毫不拘束、畅所欲言地回答)。

（一）质性访谈的种类

质性研究的访谈可以分为三种类型，研究者在各个类型中的参与程度各不相同（Patton，1995）。

1. 非正式会话式访谈（informal conversational interview）

这是访谈中最开放的形式。研究者在访谈之前并没有任何预先决定的问题主题或文字资料，访问时的问题都在即时的情境脉络中出现，或在自然进行中临时起意的问题。这种访谈天马行空，极能配合个人和环境的气氛，但是这种访问方法很难很快有交集，研究者必须以不同的问题，从不同的受访者那里收集不同的资讯，在分析会谈资料时，还要想尽办法，设法将资料进行系统性或综合性的分析。

2. 导引式访谈（interview guide）

研究者把访谈所要涵盖的主题，事先以提纲的方式预备妥当，在实际访谈时，依当时的情境决定问题的次序及详细的字句。这种方式有助于研究者的系统性整理，整个访问的结果当然也显得较有逻辑性，况且这种方式的访谈仍然能维持访谈时的会话性，也能适合当时的情境。但是若一切都按研究者所规划的主题来进行访谈，一些重要且突出的议题可能没有机会在这种预先准备好的主题中出现，毕竟这是依研究者的方式与程序所规划出来的访谈，而不是由受访者的观点所发展出来的（话又说回来，受访者不止一个人时，我们也无法规划出一个适合众受访者心灵世界的导引式访谈大纲）。

3. 标准化开放式访谈（standardized opened interview）

研究者事前就把访问的问题内容、字组与顺序做好规划。所有的受访者都按标准化的字句与顺序来回答，当然这些问题仍然都是以开放式的方式来设计。用这种方式所得到的资料很容易做相互的比较，因为每一个受访者都被问同样的问题（连问题的次序也一样）。可以预想的是，每一个受访者的回答资料都是完整的，研究者在访问结束后，也应该很容易对这些资料做整理和分析。相对地，这种方式对较特殊的个体所具的弹性极小，标准化的字句与次序当然也极可能限制了受访者回复的自然性与关联性。

从社会工作硕博士论文的经验来看，若要在三到五年内完成质性研究的硕博士论文的话，其质性研究的架构就不能太"自然"或太"自由"，否则在分析时，将很难有系统性、比较性的发现。国内目前所进行的质性研究中的"问卷"，大都是以导引式访谈,或标准化开放式访谈为主,为的是在有限的时间内,能在不破坏质性研究的本质又能抓住质性研究优点的前提下,对所专注的问题有所探讨。

(二)质性访谈的内容

纵使研究已有了主题,甚或对询问的内容也多少有了某些程度的规划,但因为都是开放性的问题,研究者拿着大略的问卷去做访问时,仍然会有不知所措的困扰。当然质性研究的访问一定是以深度访谈为主,而且访谈的重点是要进入受访者的心灵世界、探讨他的心声、寻求他对事情的看法与意义,问题是如何达到这些目标,如何进入受访者的思维体系和心灵世界。这是很现实的问题,也是质性研究最大的考验。Patton(1995)对访谈的内容有很好的建议。

1. 询问受访者的经验与行为(experience/ behavior)

询问受访者到底做过些什么。例如对同性恋者询及“你与伴侣之间性生活状况如何”,对虐待儿童的当事者问及“当你的孩子不乖时,你如何处罚他们”。

2. 意见与价值(opinion/ value)

以了解受访者的认知和诠释历程为目标,当然也要了解他们的理性与决策。通常的询问模式是“你对那件事有何看法”“你认为怎样,你相信了什么”。

3. 感受性的资料(feeling)

感受是人对周遭所发生之事或发生于他们身上之事的一种自然情绪反应,当然也包括对他本身经验或想法的情绪反应。感受性资料所牵涉的字句有焦虑、愤怒、激动、快乐、害怕、威胁、有信心等。感受与意见不同,若研究者要了解受访者的情绪反应,宜针对感受来询问;若要了解其对某事有何想法,宜对受访者的意见、信念,或判断来询问。

4. 知识性问题(knowledge)

探讨受访者所拥有的事实资讯,即是他所知道的事。如对虐待儿童的当事者问“你知道有‘儿童福利法’这个法律吗”,对自杀未遂者问及“食道灼伤对日后生活的影响你事前清楚吗”。

5. 感官问题(sensory)

有关受访者所看到、听到、触摸到、品尝到和闻到的事项。如询及案主对机构的第一印象时,“就你印象所及,当初你一进这个机构时,你的第一个事件是什么,给你留下了怎样的印象”。

6. **其他资料**

视研究的主题而定。通常当事者的背景及其特征资料若能提供时，将有助于读者对研究结果的了解，所以如受访者的年龄、教育程度、职业、宗教信仰等问题，都应在访问时一并完成这些资料的收集。

（三）质性访问的次序安排

除了以上六种内容可供研究者在访问时参考以外，Patton（1995）还建议用问题的时间架构来访问受访者。即是以上述六种问题为经，每一种问题都再以“过去、现在、未来”为纬，则在整个访问的过程中一定会有很丰富的结果。例如“你先前并未知道‘儿童福利法’的存在，所以你的管教方式无形中惹了一些麻烦，而现在你已经知道了，请问这对你日后的子女管教会产生什么样的影响”或“以前家人并不知道你是同性恋者，现在他们知道了，请问这对你的同性恋角色产生何种变化”。

如何访问，何种问题应该先问，也是很大的学问。有人认为，以较不易引起争议的现在行为、活动和经验来作开始可能是个较好的策略。一开始时鼓励受访者以描述性的方式作答，也较容易与受访者建立较佳的关系。当经验或活动性的资料完成以后，再询问有关诠释性的意见或感受，可能较不会遇到抗拒。以现在的问题来作开始，并且把它当作基准线，再询问过去的相同活动，继之以未来的问题来探讨，在逻辑上可能比较顺畅。

（四）避免二分法的访谈方式

既然质性研究是要探讨受访者的内在心灵世界，以及他对问题的意见、感受和所产生的意义，那么，要达到这些目标需要避免二分法的访谈方式。若是以量化研究的概念方法来访问，纵使都以问卷的次序来访问，而且都有受访者的答案，但是在分析这些资料时一定空无一物，即很难下手去分析，也不值得去分析，因为这些“是或否”“赞成或不赞成”的答案根本不是质性研究所想探讨的内容，二分法的访谈方式将使质性研究走入死胡同。

1. **二分法访谈**

“你认为‘儿童福利法’好或不好？”

受访者一定只有“好”或“不好”可以回答。因此不妨改成以下的形式。

2. 开放式访谈

“你对‘儿童福利法’有何意见?”……“哪些内容你觉得不错? 哪些内容你认为不好?”“能不能告诉我你有这些看法或意见的原因? 先前这方面的经验是什么?”

若能以这种开放性的方式来问,一定能得到相当实用的资料。

(五) 其他可供参考的技巧与应注意的事项

除了以上所列的技巧性问题以外,一些事项也应注意。

1. 访问员应该保持立场的中立

访问员在进行访问时即要与受访者保持共融(rapport)的关系,其又要保持自身立场的中立。不管受访者回答的内容如何,不管这些答案如何地违背情理,或多么不合逻辑,研究者都必须保持中立(neutrality)的态度。“共融”是面对受访者时的立场,“中立”则是面对此受访者所说内容的立场。

2. 使用范例于问题中

“最近两个男同性恋者结婚的新闻闹得很大,你对他们有何看法? 你将来会不会也这样做?”

3. 角色扮演和模拟问题

为了使受访者容易回答问题,在问题叙述中用角色扮演或模拟的方式来设计也是一种有效的途径。如:

“假使你在公园里邂逅了一个让你心仪的同性,你会用什么方法去接近他?”

4. 前言陈述(prefatory statement)、转移形式(transition format)和直接宣告形式(direct announcement format)

为了使整个访问的过程流畅,使受访者更容易回答研究者所要询问的问题,一些说明(宣告)可以使用。

“前言陈述”指在开始访问之前，让受访者知道所要被问的是什么。如：

“现在我们要针对吸毒的原因做个了解……”

“转移形式”用于宣告一个段落或主题已完成，而新的主题要开始，如：

“我们已经讨论过吸毒的原因，现在能不能请你告诉我，你在吸毒时以及吸毒后的感受？”

“直接宣告形式”乃是简单的陈述句，告诉受访者接下来所要问的是什么，目的是缓解问题本身的尖锐性或鲁莽性，也使受访者不致觉得像被审问一般。如：

“下面所要问的问题可能会使你觉得尴尬，但对研究却有很大的助益，能否请你尽力回答？谢谢！”

5. 探查(probe)和追踪问题

若要深化受访者对问题的反应，增加资料的丰富性，也帮助受访者如何去回答，探查的技巧不妨考虑。探查是会话式的，以自然的语气提出，一般包括Who、Where、What、When、How五大问题（就是少了“Why”，因为“为什么”会造成审问的气氛）。

6. 增强(reinforcement)与回馈(feedback)

研究者有义务让受访者觉得接受访问是值得的、有意义的，否则何苦向一个陌生人敞开自己的心灵世界？所以研究者应该感谢、支持，甚至是赞赏受访者的表现和付出，并且使他们觉得被尊重，觉得受访对社会也是一种贡献。

7. 维持访谈的控制性

当案主答非所问、不知如何答复而在不相关的内容浪费时间时，研究者就必须在维持关系、尊重受访者的前提下控制访谈的进度与方向，维持访谈的控制性。研究者若要把握访谈的控制性，先决条件就是要随时谨慎地倾听，以确定访谈正有效地进行，具体而言，就是明白所要找寻的资料是哪一类，并导引受访者往那类资料的方向来回答。

(六)质性访谈所应注意的伦理问题

研究与实验必然会牵涉到伦理的考量,量化研究时伦理问题特别严重,质性研究中也不能疏忽。

1. **承诺与互惠**(promises and reciprocity)

整个研究的前提是不是对受访者有益;否则有何资格要求他们接受访谈;研究员为了得到受访者的配合,有没有承诺了什么条件,若有,有无能力实现这个承诺……这些问题都需研究者事先考虑清楚。

2. **风险考量**(risk assessment)

整个研究的进行有无牵涉到法律问题,会不会连累到其他的方案,有无受到其他同仁或上级行政主管的排斥,有无政治上的敏感性……这些问题都需研究者事先考虑清楚。

3. **保密**(confidentiality)

调查一定会有保密问题的顾虑(Kimmel, 1988),社工同仁对保密的概念早已耳熟能详,但是质性研究资料所牵涉的保密性问题可能比一般人所能预料到的还要严重,因为质性研究的个案不多,受访者的身份很容易被"找出",加上质性研究的主题通常较为"特殊",内容也都较有"深度",一旦身份被认出,所影响的范围与程度当然也就较为严重,社工同仁对此不可不察。

4. **资料的取用与所有权**(data access and ownership)

谁将取用这些资料;资料的所有权属谁;如果是获得论文资助金而完成的论文,一旦论文有出版的机会时,出版的权利属当初资助的单位还是研究生本人……这些细节在论文进行前最好已有定论。

5. **其他**

如对访谈者的心理健康(interviewer mental health)的考虑,若研究进行过程中遇到问题,研究者的上级单位是谁,所能负的责任又到何种地步……随着质性研究中所牵涉问题种类的增多与性质的复杂化,研究者都应有不同程度的考量。

总而言之,访谈是质性研究过程中极其重要的一环,研究者应该提升自己的访谈技巧,以享受心灵对谈的成就;研究者应该寻求访问的智慧,以开启更丰富的知识层面;研究者也应更积极倾听受访者的心声,以建立人性互动与沟通的桥梁。

第八节　质性资料的分析

一、前言

如何收集资料是质性研究的一大挑战，如何做好质性资料的分析更是整个研究的核心。质性研究的成败及品质，视研究者对资料的分析能力而定。因为质性研究的终极目的不是收集资料，而是分析、解释，并呈现研究的发现与成果。质性研究的困难是要从大量的资料中寻找"意义"所在，要从众多的发现中确定意义的"组型"，并从资料的整个内容中建立起发现的"架构"或"理论"。这些目标非常宏大，却也问题重重，因为在质性资料的分析上，很少有能被一致接受的标准，也没有获致结论一致性的方法，没有证实其确定性的公认步骤（Miles & Huberman，1984）。我们没有既成的公式可以用来确定意义的重要性，也没有完美的信度测量可以复制研究者分析思考的办法，更无所谓研究的信度与效度的检验步骤……反正就是没有绝对的"标准"能使研究者可以按着研究的目的来公正地应用资料，并客观地表达这些资料所宣示的内容。

质性研究并非什么步骤与原则都没有，只是离标准化还太远（也不认为标准化是好的或是必要的）。质性资料的分析需要研究者发挥自己的判断力和创造力，因为每一个质性研究都有其独特性，其分析的方法必然也是独特的。质性资料的分析在每个阶段都有赖于研究者的技巧、训练、洞察力和能力，更有赖于研究者个人的分析能力和风格。质性研究牵涉太多"人"的因素，而人的因素是质性研究的特质与伟大的力量，却又是质性研究的弱点所在（Patton，1995）。

质性研究者首先应要分辨描述与诠释之间的不同。在质性研究资料的收集过程中，我们必须对所观察所访问的事实采用"厚实的描述"（thick description），为的是使读者阅读时就能理解当时的状况，而不是凭空想象。诠释则是研究者在分析资料时重要的分析方法，诠释的重点不是描绘事实，而是发现"意义"，诠释固然可重述受访者所谓的意义，但更重要的是对先前描述的分析,分析经深度思考或敏锐探索之后所得到的更深一层的意义。这个时候所得到的意义想必不只是事实,而是更抽象的概念,这些概念将成为日后建构组型的准备材料。

二、资料分析的策略

质性研究的资料分析以跨个案的研究较为常见,即把不同的受访者对同一问题的回答综合在一起,或对每个中心问题的各个观点展开分析。其策略大致如下。

(一)以年月顺序,从头到尾陈述整个故事

当质性研究的主轴是每个历史事件的发生顺序时,研究者可从年月顺序来展开分析。研究若以历史的事件为主轴时,如社保制度的整个过程,若有时间的经纬可以串联分析,应该可以使制度的来龙去脉更清楚地展现出来。

(二)关键事件的分析

以关键的情节为分析的主轴,如总统枪击案的分析与研究不可能以问卷调查的方式来进行,必须找到关键人物做详细的访问。

(三)对不同环境及过程的分析

以环境的观察为主轴,对不同的场所、背景及过程等做详尽的描述。

(四)以论题为主的分析

质性研究的硕博士论文大部分都是以论题为主的分析。分析时以研究主题的如何呈现为主要考量,这个主题或以研究假设为主(质性研究虽无研究假设,但对研究的论题如何呈现总有一些谱,不会乱无章法叙述),或以概念的陈述为次序,如此一来,研究的论题就可以很清楚地展现在读者面前。

三、资料分析的步骤

(一)研究目的的再确认

质性研究的资料在真正操作时应如何分析有时也显得非常复杂,因为大家所采取的分析方法各有不同。小细节或可不予理会,最大的困扰是可否将量化研究的方法、原则注入质性研究里。也有人常利用电脑进行编码、记录,来归类所收集到的质性访谈内容。

在非常可行的质性研究中(如民俗研究的大型调查),所牵涉的变量或概念

可能成百上千，研究者没法像写小说一样对部落的种种现象事无巨细地娓娓道来，研究者必须把重要的研究现象附上编码，把所看到的种种现象分析后“录入”电脑内进行编码，否则资料一定会乱成一团。某些小型的质性研究里，为了让所探讨的现象能有较大的说服力，分析资料时会考虑到一些量化研究的抽样方法或统计分析去比较。其实资料的分析因不同的研究目的而有不同的技巧，甚至也有人发出了电脑软件，借着电脑的协助，一样做质性研究的意义及组型的建构。作者对此方法不予置评，但本章中仍以传统或典型的质性分析方法为主，即以现象学、发现导向、整体性的角度来分析资料，并不加入量化的原则与技巧，请读者明察。

质性研究者在分析资料之前应再确认研究目的是什么，是基础性研究还是应用性研究，是总结性评估研究还是形成性评估研究，或是行动研究报告……研究生在撰写论文时，会被要求按照正式和明确的分析步骤来进行论文写作，被要求交代资料分析是以何种角度来进行的为何以此角度来分析等问题。方法论的叙述是否严谨攸关研究者的研究态度和研究品质，所以对有关分析的程序、步骤、问题以及限制等，研究者都应详细交代。

（二）分析之前的资料准备

为了分析能顺利进行，研究者最好在资料的整理上稍用功夫。有几点建议（假设研究者是用导引式访谈，或用标准化开放式访谈）供读者参考。

1. 在资料录入时，最好能用 A4 尺寸的纸张，而且在录入时写在纸上的宽度最好不要超过学术用卡片（中型或大型）的宽度，只写在纸的正面，千万不要写在背面。因为资料收集完毕后会将其影印并剪贴成卡片，以便分析时较为方便。

2. 资料收集完成后（假设是访问了三十位受访者），把这三十份开放性问卷全部影印一到两份。

3. 把影印的资料依题序剪开，把每个受访者对每个问题回答的内容贴在卡片上，原则上每个问题一张。每张卡片一定要有受访者的编号，也一定要有问题的名称，这样每张卡片才不会混淆（若每个受访者回答六个题目，则三十个受访者应该共有 180 张卡片）。

4. 分析时，有两种策略——单个案分析或跨个案分析。若是单个案分析，则卡片的制作以个案的确认为主，依前面的假设，每个受访者的资料应在六张卡片上,三十个受访者,应该有三十堆卡片,每堆六张。一般的质性研究偏向于跨个案分析,则资料的准备应以题目为主,按题目把卡片分类。若六个题目,卡片可以分成六堆,每堆三十张。分析时,依题目做分析(以下假设我们采用跨个案分析),该三十张卡片是三十个个案对同一问题所做的叙述,研究者的任务就是在这三十张卡片中去做跨个案的分析。

(三) 每张卡片的“特质分析”——找寻该卡片的意义

跨个案的分析是按照主题,把同一主题每个个案的回答集中起来,先读每一卡片的特质。寻找该卡片的特质时,绝对不是按着案主怎么回答,那卡片的特质就是什么。质性分析的深度取决于研究者怎么来看这些资料,所以卡片的特质是由研究者所定的,此时它的抽象程度也较高。绝对不是案主怎么回复,我们就怎么分类,而卡片的意义就是什么。

分析这张卡片,研究者可能从里面找到这对夫妻的互动里有三个意义:从上段画线的内容里找到“沟通的吸引性”“时间的不可控制性”两个意义;从下段画线里又找到“行为的亲密性”“互动时的相互期待”等意义。当然你也可以从里面找到其他的意义,如“夫妻间的幼稚行为”,视研究者的心思敏锐与否了。

问题六:夫妻之互动(个案A号)

两个人醒来时,已经比平常迟了将近半个钟头,要不是隔壁小孩发动摩托车的声音太大,两个人不知还可以睡多久。最近两个人总是有说不完的话,愈谈愈起劲,愈谈愈对味,每次总是谈到三更半夜,谈话对他们这对小夫妻实在是个享受,如果不是第二天要上班的话还会更晚。太太匆忙地准备好早点,敦促着先生赶快吃完,也忙着帮先生打领带、拿公事包,好不容易把一切打点完毕,送先生去上班。正要出门时,免不了又是一番缠绵的动作。刚一分手,太太忙着把桌子收拾干净,把家里的事务都安顿好,刚可以稍微休息,望着墙上的钟,她知道,该是先生到办公室打电话回来的时候了……

时间的不可控制性

沟通的吸引性

行为的亲密性

互动时的相互期待

读者一定会问,为何你会有“沟通的吸引性”“时间的不可控制性”“行为的亲密性”“互动间的幼稚行为”等概念的产生,而不是别的名词或概念。这类问题无法回答,勉强就说是面对这些资料时的“顿悟”吧。

Denzin(1989)指出顿悟可分为四种:(1) 主要的顿悟,(2) 累积性顿悟,(3) 阐述性、细微性顿悟,(4) 重新体验的顿悟。“这四种顿悟是可以层层相叠的，对某一在个人生命或经历的不同阶段所发生的特定事件而言，个人对事物、真理的顿悟首先会是主要的，然后是细微的，最后则是重新体验的；毋庸置疑的，累积性的顿悟会在一个人的生活中迸发成主要的生活事件。”Denzin 的说明很像我们常说的“见山是山，见水是水”“见山不是山，见水不是水”，最后又是“见山是山，见水是水”的境界。这在哲理上有很高的境界，但是研究者“意义定义”的对错与否没有定论，不可能有标准答案，然而境界高低与否，就如我们一般人在欣赏艺术作品一样，就端赖于一心了。好的作品，有很多人会说好，更重要的是，真正的行家会说好。从下列资料中看看你会找到什么意义。相信每个人会有不同的发现，好坏并不是没有定论，而不同意义的发现会有高低不同的境界。对于这点我们可以比较。

> 问题八：参加图书馆志愿者的动机(个案 6 号)
>
> 为何参加志愿者其实很简单：年纪大了，没事做，在家待着无聊，看到报纸广告马上就报名参加了，固然知道没有待遇，但相信当志愿者也应会有一些无形的好处的，起码借书会比较方便。你知道一上了年纪就很怕无聊，更怕子孙觉得我们一天到晚要别人服侍，所以外面能有志愿者可干，当然就跑来了。来了三个多月了，感觉来到这边当志愿者真的有一些好处，我最喜欢的就是借书方便，而且可以知道哪些书是比较流行的，馆内的职员因为知道我们是志愿者，能给我们方便也尽量给我们方便。我也是来这边当志愿者以后才学会用电脑的，虽然是初步的使用而已，我已经觉得不可思议了。你知道我固然是怕孤寂，但我实在也不大想来这边交朋友，一些人虽然热诚，但阿猫阿狗的，话又多，我真的很怕惹上这些，所以能有电脑上的学习，尤其是网络的使用，更让我目瞪口呆，我爱死它了。甚至要我的小孩电脑借我用，他们好像不愿意，若不是我眼睛不好，我一定会要我的孩子买一部电脑给我，多贵都要买。

平面型媒体

退休无聊打发时间

无奈型动机

附带收获

网络学习

不知道你从这张卡片中找寻到什么意义。可能第一次做质性研究的张三只是看到他参加志愿者的原因是：退休无聊到图书馆当志愿者打发时间，所以张三会在卡片上画线做标记，认为该卡片的意义是“动机：退休无聊打发时间”。

比较敏感但也是第一次做质性研究的李四找到的意义可能是“无奈型动机”以及“学习电脑”；但又在卡片旁边用铅笔写道“案主不喜欢与人交流”，他不知道这些资料可做什么用途。

受过训练的研究员王某则在这卡片上写了一堆“意义”：

动机分析：内推式动机　怕心理无聊
　　　　　　　　　　　怕麻烦子女
参与媒介：平面型报纸
附带收获：借书方便
　　　　　学习电脑操作
　　　　　学习上网
个性特质：资源寻求型
　　　　　资讯联结型
　　　　　人际围墙较高　不愿打扰别人(子女)，亦不愿被别人打扰

试想，同样是一张卡片，为何收获会有如此的差异，当然研究成果马上就会不同。等到建立组型时，读者一定可以比较其差别，评定其优劣。

(四) 集合主要的“特质(意义)”看是否可以形成“组型”

跨个案分析时，不同的受访者对相同的问题会有不同的反应，不同的研究者对相同的资料当然也会有不同的收获。张三对上例有动机的题目中只找到“动机：退休无聊打发时间”，再分析其他受访者时，张三或可又发现“自我成长”“做善事服务社会”等。这些意义放在一起时，或可组成一个组型，用之来说明一般人参加图书馆的志愿工作的动机种类，从他所访问的二十三个受访者中不外乎这三种组型，即打发时间、自我成长、服务社会。

李四对参与志愿工作动机的组型可能建构为：无奈型、进取型、宗教道德型、社会义务型等。这个组型初步看来可能比张三的组型更佳，因为该组型不仅比较周延，而且抽象层次也比张三的组型要高。“学习电脑”这个发现可能会丢掉，因为李四并未敏感地感觉到这个意义在目前的组型里有何可大做文章之处。

王某的收获可能较为丰硕，因为他对意义的发现较多，可让他建构为组型的数量较多，每个组型的深度也较足。

1. 他可以从“内推式动机”的意义项目中找到除了个案6号之外的动机类型：怕心理无聊及怕麻烦子女以外，又借着从其他受访者那里所得到的资料，找到其他内推式动机的项目，如夫妻感情不和、配偶话多所以到外

面图个清静等，所以参与志愿工作的内推式动机就可聚合成功。其组型如下：

(1) 自我心理不充实(无聊)

(2) 夫妻感情不睦

(3) 子女嘈杂

(4) 逃避家庭压力

2. 他亦可能从个案6号的“内推式动机”想到或许别的个案有“外吸式动机”的可能，因此也可以因着其他个案的发展建立起“外吸式动机”的组型，他自然而然地将内推式动机扩散到外吸式动机。

3. 他可以把两种动机的组型组合成“个体参与志愿工作的动机模式(或理论)”。说不定除了内推与外吸以外，还可以找到其他的类别，模型的规模当然也因此加大。

4. 参与媒介除了平面媒体以外，还可找到其他渠道建立组型：当然这类项目非常单纯，因为概念大家早就耳熟能详，仿佛是量化研究的填充题一般，但总可以用作基本资料。

参与媒介：平面媒体

声音媒体

影像媒体

家人亲友媒体(人际媒体)

机构媒体

5. 参与志愿工作的“附带收获”组型：

(1) 工具性利益(借书方便、好书先看)

(2) 自我成长：智识成长、心胸开放

(3) 增进人际资源

(4) 促进家庭幸福：当志愿者的夫妻较能同心

(5) 宗教信仰上较为平安喜乐

6. 志愿参与的个性特质组型

读者可以看出，在质性研究的资料分析过程中，只要你心思够敏锐，只要你阅历或内涵足，从受访者一句话中我们就可以找到很多的特质，借着聚合与扩散的技巧,不仅可以建构组型,甚至连理论也或可成立。

我们也发现,在同一个主题中,每个个案都会呈现出一些不同的特质,但并不是每个特质都需要详细探讨,不妨做个简单的统计,看看哪个特质是较常出现的,我们再予以分析。当然若有"非常特别的特质",就是次数不多,理论上又有其关联时,我们也可以予以分析。集合主要特质与每张卡片的个别分析,两者最大的差异是,在集合主要特质的时候,研究者有义务带出一些"意义""概念""组型",必要的时候,"架构"或"理论"也能做出来。所以当研究者把某个主题的卡片集合在一起,而且每张卡片也都有了其他的意义或特质以后,面对这些意义与特质,他必须再做更深一层的思考。

(五) 建构组型时的参考背景

1. 引用固有或已存的概念(indigenous concepts)做参考

各种社会工作、心理学、社会学中早有丰富的理论与概念。质性研究时,从受访者的回答中,常常可以看到引用这些理论的例子出现(虽然当初这些理论的用途与现在研究者所研究的主题并没有什么关联),但在解释上还能说得通的话,也是很有趣的事。例如:探讨自杀未遂者对人生的看法时,或许可以用Maslow的理论来解释;研究虐待儿童的家长心态时,可能用得着弗洛伊德的心理防御机制理论。理论背景愈丰富的研究者,其在做质性分析时,其归纳分析的能力将更强。学术论文的资料若能与现存的理论做较佳的整合也是论文的重要贡献。

2. 研究者自我感知的概念(sensitizing concepts)

与固有或已存概念不同的是,研究者可以把自我感知的概念带入现有的研究中。这种自我感知的概念,大体是从某个不相干的理论所引入的,例如把某种有关老人活动的概念——退缩理论用到冲突家庭的个案里;又如,把社会学的某个理论,如角色冲突理论用到同性恋者的心灵世界去;再如,原来的"受迫害者"是指"弱势群体",但研究者把它用到"警察"里。

3. 从固有类型(typologies)中转型而来

例如:Carl Jung的理论中早就有"性格类型"的概念:

(E)外向——内向(I)

(S)感觉——直觉(N)

(T)思考——感受(F)

(J)判断——觉察(P)

针对Jung的性格类型的四组概念,Myers-Briggs在他们的理论中却把这四组概念转型,用这八个字母来形容一个人的性格,如是ESFP型或ISTJ型。研究者也可以从这种转型中,再将之转型至文化的层面,甚至到儿童的行为特质层面(Kroeger & Thuesen, 1988; Hirsh & Kummerow, 1987; Myers & Meyers, 1980)。

4. 研究者本身所建构的类型

针对所收集的资料,经过研究者的分析或顿悟,也可以发明自我认为适合的类型。例如,简春安(1991)在其《外遇的分析与处置》一书中,把我国台湾的外遇类型分为:传统型、拈花惹草型、保护型、情境型、感性型及报复型等。从阶段来看又有酝酿期、尝试期、冲突期、无奈期以及决断期之分。

组型或类型的创造对研究者而言是极富成就感的一件事,但是类型或组型,甚或概念与架构的创造却不是随便可行的,在这个过程中,研究者必须注意一些事项:(1) 类型彼此之间有无互斥性,既然每个类型的名称不同,其操作性的定义及其涵盖的范围自有其本身的界限;(2) 类型的总和是否有其周延性,既然要解释一个现象,最好在这个类型中能解释各种状况,否则不仅解释力不够,说服力也会有问题;(3) 各类型所用的字句是否具有一致性(同一层级),所涵盖的范围是否大致相等,如果答案是否定的,便不具类型定义上的美感。

针对上述所提及的三个条件,Guba(1978)则用聚敛(convergence)的方式来说明。他认为研究者应该从资料中"反复出现的规律"开始。一旦出现这些规律,表示可以形成某种范畴内的组型。研究者看到这些因着某种规则而形成的组型后,就可以用两种标准来判断其范围:"内部同质性"(internal homogeneity)和"外部异质性"(external heterogeneity)。内部同质性所着重的是——这些资料是否大致具有一致性且也能有意义上的吻合;外部异质性所着重的是——不同范畴之间的差别具有多大的鲜明性或清晰性。其实这两个概念就是"互斥性"而已。

质性分析者很重要的任务是发现或创造组型,或是形成主题与范畴,这是一个创造的过程。质性分析者没有统计的数字作佐证,他们必须根据自己的智慧、经验和判断来分辨。在组型的创造与寻求过程中,研究者仿佛经历“生产之苦”般竭尽心力的、呕心沥血的思考、表达、想象。这个过程也像太空探险者,坐在孤寂的太空船中,向着无底、无边的太空黑洞航行,他可能永远无法靠岸,也可能葬身在一个不知名的地方;但是一旦他靠得了岸,他找到另一个心灵的空间或世界,那必是思想领域里的丰富之地。

(六) 发现的过程

关于现象学的分析技巧,有关学者(Moustakas & Douglass, 1988; Moustakas, 1990)提出了“发现式的研究法”,他们认为现象探究的发现式过程可以分为四个阶段。

1. 沉浸(immersion)

使自我完全投入。研究者必须完全专注地去品尝、觉察、嗅闻、碰触、品味、感觉和了解(Moustakas, 1981)。

2. 酝酿(incubation)

研究者必须“安静深思”(quiet contemplation)。在这个阶段中,研究者故意引退,容许意义和觉识在它们能够觉醒的时间才觉醒。研究者允许模糊的感觉和觉醒自行形成,容许理解在达到自己的充分准备和完善后才出现(Moustakas, 1981)。

3. 阐述(illumination)

研究者扩展了觉识,深化了意义,为概念的认知带来了清晰度。此时,关键的脉络和结构被揭示出来,有关经验的种种背景都能被获知。因此,经验就变得更生动,各式的理解也在成长,所以主题也就逐渐形成,新的生活和新的观点随着新的发现而一一浮现。

4. 显现化与说明(explication)

观点又添入了其他层面下的各种意义,借由重点、自我对话和反应,经验被描绘和勾画出来,与观点有关的新的联系被发现(Craig, 1978)。

总而言之,现象学的分析是一个“创造性的综合”(creative synthesis)。研究者把已浮现的各个部分组合成一个完整的经验,划分为各种组型,并且表明各种组型之间的范围与相互关系,也创造出前瞻性的意义,带出了有关经验的新视野(Polanyi, 1967, 1983)。

（七）印证出特质、组型或概念、架构的证据

当组型、概念或架构出现时，研究者必须设法说服读者赞同这个组型，使读者乐意顺着研究者的逻辑与思考架构走。每个人对特质组型及架构的看法与分析都不会一样，但这个工作到底做得好不好，就要看能不能说服人，能不能引起共鸣或同感。以特质的归纳为例，在列出每一个特质后就要把当事者所说的话引出来当作证据，就如量化研究法中所谓的 $P<0.05$ 的态势。如：

“沟通的吸引性”（女，36 岁，大学毕业，家庭主妇）：

“最近夫妻两个人总是有说不完的话，愈谈愈起劲，愈谈愈对味，若不是对时间有所警觉，每天总是谈到三更半夜，像昨晚就谈到快凌晨三点，谈话对他们这对小夫妻实在是个享受，如果不是第二天要上班的话……”

若要印证组型或架构的话，其印证的工程必然会比特质的印证大。但是不管如何，把当事者的话列出来，在质性研究中有很重要的意义。若要把各种特质扩大为组型，把组型扩大为架构，其方法之一就是将第二变量或第三变量考虑进去。

（八）第二变量甚至第三变量来分析的考虑

若是特质的呈现与某个变量可能有关，例如夫妻婚姻美满中有“时间的不可控制性”的人，若是在简单的次数分配上呈现偏向于某种年龄层时，那就应该把年龄的变量特别提出来，再次予以分析。此时，研究者必须把全部的访谈资料重新再看一遍，看看可否找到有关“时间的不可控制性”的蛛丝马迹，可以再从文献中、别的领域中（如心理学），针对“对时间控制力”的强弱，来分析与“人际相处”所产生的关联（说不定会发现其他的思考空间），如时间控制性愈差的人在人际相处中被接纳的程度以及人际满意度均较高，而任务成功率则较低。时间控制性高的人是否明显地与做事形态及人际相处有关？一丝不苟的做事形态在两性相处时到底有害或是有利？控制型的人在情感生活中常出现的障碍是什么？若从其他的研究题目来分析，吸毒者的尝试性吸毒与上瘾性吸毒之间的重要区分点是什么？若发现与“是否有拒绝的能力”有关，则“拒绝力”是马上要找出来的第二变量。像这类问题的探讨，由质性研究最为恰当。先由质性研究打前锋，找出相关的概念与关键以后，量化研究才能更好地再发挥，再去做

验证性的探讨。若是研究者的心思敏锐,同样深度的访谈资料,可以有截然不同的研究成果(起码在深度上会大异其趣),必要的时候,当然可以做第三变量的考虑,思考的层次愈加提高,在理念上的发展也愈加深入。

(九)整体性或理论的建构

质性研究不只是针对某个变量做深度的研究而已,更重要地,整个研究报告到后来必须以整体的观念呈现。若是能够如此,研究发现的层次也随着分析的透彻愈来愈丰富,涵盖的层面也愈加扩大,论文也会如小说一样,愈有其可读性与说服力,这也是质性研究法迷人的地方。

第九节 结 论

社会工作是新兴的专业,几年来,虽然看到这个专业在蓬勃发展,但也看到这个专业在成长过程中有不少的挣扎。它最大的弱点在于理论的"借用性"太高(这是很多专业常有的现象,社工界大可不必汗颜);另一个弱点是研究法上的争议。从早期的几乎排斥量化研究,到现在的以量化研究为主,再到质性研究愈来愈普遍。但是考虑到社会工作的基本特质,我们仍然会发现,量化研究法不是社会工作研究发展的唯一方向。量化研究与质性研究当中,我们不能以和事佬的角度说两个都好,而应该以社工的基本原则,以问题的本身特质,来分析"客观"的事物和"主观"的人。社工应该学会判断什么主题用量化研究法,什么主题用质性研究法。不管用什么方法做研究,当事者都应该知道这个研究的特点是什么,缺点是什么,应用性如何,限制又如何。唯有这样,社会工作的研究领域与成果才能愈来愈丰硕、愈来愈成熟。如此,研究法才能成为社会工作理论与社会工作实务的桥梁。

习 题

1. 质性研究法为近年来社会工作研究中常被提及与使用的研究方法之一,试叙述其优缺点为何,并说明其在社会工作实务与研究中的运用及可行性。

2. 试述质性研究与量化研究的不同之处。
3. 试说明质性研究如何进行探索性研究。
4. 质性研究与量化研究在哲学背景上的差异是什么?
5. 如何提升质性研究的信度与效度? 试举例说明。
6. 试述质性研究与量化研究的哲学背景是什么?
7. 有人认为量化研究法与质性研究法是相互排斥的,但另有人认为它们是相辅相成的,你怎么看? 在研究时应如何做出适当的取舍,请加以说明。

第六章

实地研究、观察研究

摘　要

实地研究，又称实地观察研究，是以研究者为观察中心，利用工具通过观察、面谈或语言互动等技巧，设法融入实地与事件中，用观察或记录来收集资料的研究方法。去实地观察时，到底要观察什么，如何才能掌握实地观察的重点，本章将对社会工作研究者观察的内容，应注意到的场合、观察主题、时间因素的考虑、观察的事项等提出建议。

实地研究的主要用意就是以“眼见为凭”的心态去观察、研究。但是观察者仍难免有失之主观的嫌疑，当被观察的事项庞大又复杂时，也难免会有瞎子摸象的困扰，因此三角测定法(triangulation)的理念与技巧也值得我们注意。

实地研究如何进行呢？有关实地研究的观察重点、抽样问题、信效度问题，与整个研究的流程、步骤，读者们都应特别注意。

自然研究法与实地研究法息息相关。但自然研究法所强调的是“观察”，实地研究法所注重的却是“实地”。因为重点与切入点的不同，故于本章第三节将特别提出有关自然观察法的说明。

在自然状况下观察研究对象即是自然观察法。它可以掌握情境的全盘现象，因为观察者就在情境中，可以注意到情境中特殊的气氛，这个特质绝非其他事后回溯的问卷调查可以比拟的。自然观察法也有其缺点：涉及受访者、问题的敏感性、行为的不易观察、观察者是否真正客观等都会影响到自然观察法的准确性。进行“观察”时所牵涉的事项不外是：问题的本质、步骤的进行、工具的使用、如何记录等。若以观察者的参与程度与观察的结构程度来区分，自然观察法可以分为下列几个类别：结构式观察、无结构参与的观察、无结构非参与的观察三种。

本章亦提到有关视觉社会学的基本概念，增加同学对自然观察法与影像科技的综合应用。

第一节　前　　言

研究一个社会现象所能采用的方法当然不一而足，每种方法都有其特色与重点，但是最基本、最直截了当、最原始的方法，莫不过是“实地看一看”，但是去看热闹呢还是去看门道？还因研究者本身对问题与现象的认知程度、所受训练的层次高低，以及研究者在资源、时间、空间上的种种条件之差距，而有不同的风貌与重点。不管如何，“到实地去看看”总比在办公室里自我凭空想象要好。从本章开始，我们将介绍不同的研究类型，而最基础的类型就是“实地研究”与“观察研究”。实地研究与观察研究彼此之间有很高的重合性，只因不同的资料来源中有不同的称呼，为免读者产生困扰，仍依据资料来源分别说明。

第二节　实 地 研 究

一、实地研究的定义

实地研究（field research），又称实地观察研究，是以研究者为观察中心，用记录表格、摄影机或只依赖研究者的一本笔记，研究者运用独自观察，或与受访者面谈等技巧，设法融入实地与事件中，来收集资料的研究方法。实地研究倾向于密集（仔细）的观察，也因此极为耗时，所以研究者常将研究缩小在一个小的范围里，以便可以在有限的资源，在特定范围的时间、空间中，实地去研究所要探讨的环境与问题，也借着观察，用较深入的叙述将问题与现象呈现在读者面前。简言之，实地研究是对自然发生的现象、事件，通过直接观察来收集资料的一种研究方法。

与其说实地研究是研究方法的一种，不如说实地研究是很多研究方法的基本条件，因为“眼见为凭”是科学观察的基本精神，实地研究本来就是“眼见为凭”的活动。实地研究是人类学家所采用的最基本的研究方法，人类学家常借观察研究来描述人类的活动。民族学就是以观察的技巧来研究整个文化，并建构其理论,企图与特别文化或跨文化的民族比较,以描述或发现其特质与现象(Emerson, 1983; Lofland, 1984)。质性研究访问受访者时,须注意对其当时所处的环境以及受访者的种种行为和语言。量化研究在调查某些社会现象时,一样都是要借着实地观察才能收集到正确与客观的资料。

二、实地研究的艺术性与科学性

研究是一种求真与求知的过程。然而,现实环境中,不是每种现象都可以在实验室内完成分析与说明的,人际互动与人类环境的复杂性,绝非机械式"一成不变"的步骤,也不是实验室的"严格控制"所能比拟的。要把实地研究做好,不仅需要研究者经历严谨且专业的"科学"训练,更需研究者充满创造与想象的"艺术"展现。

实地研究直接触及实地的环境与现象,借着仔细观察,试图去领悟及了解该现象与活动,这种探索充满了创造性。实地研究以一观察者的角度探讨事物,对日常视为理所当然的情境或事件也详加研究与整理,以便理出其文化特质,这是一种融合着科学与艺术的探讨方法。对于研究的成果,实地研究者更能把研究的结果与意义传达给任何可能读他著作的人,若其文章或著作既平实又生活化,亦不艰深难懂,便达到了对科学成果艺术表达的境界。

实地研究的方法也充满了挑战。对自然发生的事件,研究者可以使自己不成为事件中的参与者,以便能冷静客观地探讨事实的真相。实地研究的重点不在于创造,而在于了解事实;不在于证明,而在于提出参考的证据。研究者不企图改变研究环境中所发生的事物,事实如何,研究者的整理与归纳就如何。实地研究也可以是一种过程,借着研究与观察,去了解现象的种种特质,最终使实验更精准。

三、实地观察研究的内涵

去实地观察时,到底要观察什么?如何才能掌握实地观察的重点?Baker(1994)建议,社会工作研究者实地观察的内容应包括以下几个方面。

(一)场合(the setting)

观察实地的场合及状况如何。如观察机构时,是公立机构或私立机构?里面员工的组成如何?机构创立的目标如何?环境如何?互动的模式与特质如何？决策的流程或成员间的沟通模式如何？这些都在观察之列。

(二) 观察主题(a general subject)

进行实地观察研究之前，研究员心中总要有个谱，到底是要看什么？看人？还是看制度？还是看机构运转的流程？看人时，是看士气或是看互动？看制度时，是看制度的实际运作或是整体的配合程度？若看机构运转的流程，是要看特殊的单元或是对整个流程做效益方面的评估？

(三) 时间因素的考虑(time frame)

观察的深度与事项，应该由参考时间的长短来决定。针对某种现象，牵涉到被观察者的"成熟"程度，时间架构因素的考虑必须特别慎重，例如研判百货公司的顾客消费行为时，就要设计不同的时间与时段，否则观察无法准确。

(四) 观察的事项(type of things to observe)

观察的事项有：(1) 环境；(2) 个体及其他成员彼此之间的关系；(3) 成员的行为形态、活动项目及进行状况等；(4) 成员间的对话内容等；(5) 成员或团体的心理特质状况；(6) 历史渊源；(7) 物理情境，如教室内的设备、儿童游乐的设施等。

实地研究的主要用意就是以"眼见为凭"的心态去观察、去研究。但是观察者仍难免有失之主观的嫌疑，当被观察的事项庞大又复杂时，也难免会有瞎子摸象的困扰，因此三角测定法(triangulation)的理念与技巧也值得我们注意。"三角测定法"指研究者在观察并收集资料时，尽量从更多、更广泛、更差异的来源去收集。研究者在观察时，如果都能用更多的理论去思考、更多的方法去探讨、更多的角度去揣摩，那实地研究的内容将会更扎实、更丰富(请读者再参考第五章质性研究法中对三角测定法的解释)。

四、实地研究的步骤

实地研究的步骤非常富有创造性，它与一般实验的方式不同，因为它不像科学研究一样严格控制相关变量。但是实地研究的过程绝对不是松散的，它有严谨的一面，其研究步骤如下。

(一) 选择区域

实地研究的第一个思考要素是要选哪一个"实地"去研究。区域的选择必然有其必要性、代表性与真实性。根据所要探讨的主题，在所能考虑的范围内，当然要选择最必要的(因为若不选择该地,研究的结果就会有瑕疵)、有代表性的(使研究的结果不致造成偏差)、较具有真实性的区域(以兼顾理论与实务的融合度),选择好区域以后,研究的进行就能事半功倍。

(二)选择使用的方法

区域决定后,就必须好好拟订所要使用的观察方法(或决定如何参与观察的方法)。所要观察的项目是什么?如何记录?进度如何?主要对象是谁?研究小组的任务如何分工?资料如何分析?每一个项目都与所使用的方法有关,而在区域确定后,也应着手把所使用的方法选择妥当。

(三)观察者的角色

实地研究最主要的方法与技巧就是观察。在研究法中,“观察”与“介入程度”有很密切的关系。某些项目非得与受访者完全打成一片不可,否则便成了隔靴搔痒,不能得到所要的资料。但是参与太多时,可能便失去了客观性,无法冷静地看出只有局外人才能注意到的特殊现象。观察也牵涉到项目的拟订与测量的问题,若不好好规划,便可能对不值得观察的事项付出太多,而对必须特别注意的事项却因大意或无知而忽略。观察时,必须把测量或记录的原则定好,否则,所得到的资料可能会偏颇不全,此时对事实真相的了解不但没有帮助,反而会增加误解(Babbie, 1992; McCall, 1969)。

(四)把观察的事物意义化

实地研究最难的一点是如何把所观察的事物意义化。如何把所观察的事物意义化不仅牵涉到主观或客观的问题,更牵涉到研究者对事物背景了解的广度与深度是否足够的问题。对事物的本质有足够的深度了解时,我们才能解释所见事物的意义;对事物的背景有足够的宽度了解时,才能指出该事物在整个问题中所代表的含义。实地研究不是对日常生活所见做流水式的报告与整理而已,它是把所观察的事物赋予新的意义,使读者能对该事物有耳目一新的认识与了解。

(五)洞察力与感受力

实地研究之所以极富艺术性与创造性,是因为进行实地研究时,需要研究者有较好的洞察力,能看出问题的精髓;有敏锐的感受力,能指出问题与现象中存在的特质与意义;有自我了解的能力,能使研究时所观察的事物不过分主观,也不过度夸张,进而使整个研究能既忠实又有系统地呈现给社会大众。

五、实地研究的参考要素

进行实地研究时，有些要素不能忽略。

（一）环境因素

有关实地研究的环境方面，该地是公众或私人地方？在该地的人群是固定的或是经常不同的？若是固定的，如何避免受访者之间的互相感染或霍桑效应？若是不同的人群，如何使观察的水平可以维持，不致因人而异？所要观察的人与当地环境的关系与渊源如何？是否会造成特别的意义？

（二）主题因素

有关主题方面，在到一个区域做研究时，研究者在内心应该已形成“一般性”或“特定性”的主题。若是一般性的主题，观察者应把观察的广度放宽；若是特定性的主题，观察者的嗅觉则需更敏锐，对所执着的问题进行敏锐的探索。

（三）区域因素

不同的区域所要注意的问题也不同。因为不同区域，社会现象的特质、呈现的方式、表现出的差异也有所不同。不同区域的社会现象的形成原因当然有异，社会现象的结局、该结局呈现的方式，必然也有所差异。所以，实地研究时，我们应随时考虑各种社会现象的特质、原因与结果，才能使研究不致失去了方向，错失了重要的主题。

（四）思考单位的因素(thinking units)

一般的实地研究的思考单位都是以某个社区、村落或贫民区为主。其实思考单位有大有小。如 Lofland(1984)指出有不同的类别：(1) 如某种语言在该文化、规范中所代表的含意，所以特别强调语言或沟通内涵；(2) 以当事者的对话含意(episodes)为主要思考单位的；(3) 以实务为主要的考量(practices)，所以访问内容特别注意它在生活层次里的应用性；(4) 对质性内容(encounters)，双方有不同意见时，其问题焦点又如何；(5) 不同职位与角色(role)对某些事物的意见；(6) 以相互关系为单位的研究(relationships)，如以每对夫妻为单元，或以亲子关系为对象；(7) 对小群体、运动团队，或派系的了解(groups)；(8) 组织(organization)，不只研究小团体，且对正式的机构或团体做研究；(9) 以整个国家或社会为单位的研究(settlement)等。社会工作研究者所需观察的思考单位相当广泛，有大至一个特别族群的，有只限于个别的沟通模式的，视实务的性质而定。

(五) 时间因素

实地研究也应注意研究的时间架构,到底需持续多久的时间?短期是否可以完成或一段长时间才可能得到所需要的资料?对受访者的拜访以连续性的还是非连续性的为佳?若是连续性的,如何得到受访者的接纳?如何避免受访者的厌倦、担忧或拒绝?研究者应当了解,研究时间的长短乃依方案的性质而定,不一定有明确的"规则"。最麻烦的是,研究若有时间限制,而该研究的性质又非该段时间内可以完成的,研究者如何取舍?或如何设法在短时间内收集到所需的资料?

(六) 观察的重点因素

实地研究的观察重点依研究本质可以分为三种:一是行为观察,专门探讨某一环境下的行为表现;二是情境观察,观察某一特别而自然的情境下,会发生什么事情;三是处置效果观察,观察人为的处置,在自然的情境中对被观察者行为的影响程度。所以实地研究中的观察事项,包括:(1) 环境;(2) 人们及彼此之间的关系;(3) 被观察者的行为、行动和活动;(4) 受访者或被观察者的语言行为;(5) 心理状况;(6) 当地环境、文化与过去的历史;(7) 物理环境与状况等。观察事项随实地研究的重点与架构而有差异。

六、实地研究的观察与记录

观察与记录是实地研究的主要内容。进行这些活动时,下列步骤都需注意。

(一) 观察时间的取样

从时间的角度来看,其取样的方式有下列四种:

1. **连续时间取样**(continuous time sampling)

观察时,对所研究的对象做连续时间的观察,对所调查的事件从头到尾做研究,使整个事件的始末都在研究的观察范畴当中。

2. **定点时间取样**(time-point sampling)

对所研究的现象或事件只采取定点时间的观察,如每天早上的六点、八点与下午的四点、六点做定点的观察。这几个时间点之间并没有固定的间隔,每次观察的时间长度也没有特殊的要求,此为定点时间取样。当然为何以这四个时间为观察样本,研究者应该说出个所以然。

3. 区段时间取样(time-interval sampling)

定点时间取样所观察的是某几个时间定点，区段时间取样则指某区段的时间，如每天上午的八点至十点，晚上的八点三十分至十一点三十分，所强调的是那两个钟头与三个钟头的区段时间。

4. 事件取样(event sampling)

事件取样以事件发生的始末为主，不受时间的长度或时段的影响，这种取样方式的主要目的是研究两个事件之间的联系与相关，所以重点放在对事件是否已经充分了解上，而不是时间是否定点，也不是区段的长短。

(二) 记录与过录事件资料

记录是对观察事件的内涵做成长久性(permanent)的复本格式。记录的方法依事件的本质而有不同，有的事件可能需要表格式或问卷式的记载，有的事件可能以文章或流水账式的说明与记录较佳。过录是将观察现象予以意义化分类。针对所观察的事件，不能像计量研究一样，直接把各种现象化为一些号码，而应把所观察的现象或事件化为某些类别，各种类别则需分别指明其定义，它必须把该类别中各种可能的状况涵盖进去。如“初中生教室内的抗争行为”，可能包括“警告后仍然故意讲话”“未经允许在教室内走动”“与同学间做与课程无关的互动与接触”等，这都是实地研究的过录。

(三) 观察事件的解释

该解释对所观察的事实现象不是直接予以平铺直叙的描述，研究者必须对其事件予以充分的解释，而解释的范畴与方向则以研究者的研究前提或假设为依据。这样才方便让研究者借着解释，将所看到的现象和事件与本身的理论或逻辑假设联结起来。

(四) 误差来源

实地研究不像实验室研究有较高的控制性，从某一方面来说，似乎也较不严谨(虽然实地研究比实验室的研究显得更为实在与具体)。实地研究难免会有误差，而误差的来源主要是：(1) 不当的抽样，使得研究所观察的时间不当、所观察的对象不适合，造成所观察的内容不够准确；(2) 机遇反应趋势(chance response tendencies)，所引申的问题，因为不同的观察者对观察类别定义不能肯定时、观察者太过主观时、所观察的对象太过于复杂时，研究者难免会用自己的解释来界定类别，所以不同的研究者对同一现象的解释也因此有所不同，如此一来,研究的结果就会因产生机遇的不同(不同的观察或解释者加上不同的时段所做的观察)而有不同的反应趋势(产生不同的解释)。

(五)效度问题

任何研究都要考虑到它的效度或信度,研究是不是探讨了必须研究的现象?访问了必须访问的受访者?问题是,当所观察的现象抽象层次越高时,则测量所欲达到的精确度就越困难,则该研究的效度就愈值得怀疑。任何研究的当务之急都是提高其效度,好好把握住研究的内容与方向,否则研究的成果会答非所问。因此,在观察时好好掌握研究效度相当重要。

七、实地研究的进行

实地研究从其整个研究的流程,大略可以分为以下步骤(Baker,1994)。

(一)事前准备:各种资料的阅读

先阅读地区的外部资料。在进行实地研究之前,一定要有足够的研究背景,研究者必须先把相关的外部资料研读妥当,如类似的区域研究报告等,可以先看看别人是如何进行其区域研究的。阅读与调查对象相关的研究报告,可以使研究者对研究对象的背景有个大概的了解。其他类似计划中的使用方法报告,可以让我们在方法上更加精进,避免重蹈覆辙,以免误差再度产生。一般性的资讯也不要小看,熟识这些资讯可以使研究者胸有成竹,使研究者在资源的应用上也会更加灵活。针对研究地区的文学、旅游作品,研究者如果加以浏览阅读的话,也可使整个实地研究的成果更加生动与具体。

内部资讯的取得也不能偏废。研究者最好能先取得区域内部的观点,如通过内部的人的介绍或讲解,先了解组织和组织领导者以及相关事件,使研究者能在极短的时间内马上掌握该区域人与事的主轴,进而使研究事半功倍,不致在时间与精力上有太多无谓的浪费。所以,在进行实地研究时,最有价值的资讯来自某个关键人物,他可以洞察周遭的环境,指出问题的缘由,他具有社会问题的想象力,能帮助研究者很顺利地进入问题的核心。若有这个关键人物的协助,研究必可事半而功倍,但问题是这种关键人物经常是可遇而不可求的。

(二)抽样

实地研究的抽样方法,不必像量化研究一样非得依据随机取样的原则。实地研究中，经常采用的方法有：(1) 配额取样(quota sampling)，对所要观察的事件或访问的样本做配额的取样，选择某种特质、某种数额的样本；(2) 滚雪球取样(snowball sampling)，借着第一个所访问的对象的介绍，访问到第二个合乎调查要求的样本，如滚雪球一样，愈来愈多；(3) 偏差个案取样(deviant case sampling)，以特殊的个案为主，借着对这些特殊个案的了解，来探讨问题的原因、过程与结果。

(三) 进入实地研究

选定了抽样方法，研究者在研究的区域进行研究之前，应该先决定自己在其中扮演什么样的角色。一般对该地区而言，研究者是陌生者的角色，所以他应具备一个完全开放的心胸与非评价的态度，对该地区的受访者所做的任何叙述，都能试着去了解、去接纳。研究者最好能将刚开始所扮演的"陌生者"角色，在短暂的时间内转化为"客人"的角色，甚或是"朋友"角色。因为实地研究的成败与否，主要取决于研究者与当地居民建立的关系如何。

(四) 收集资料

有关资料的收集方面，不同的研究所需要的工具不同，有的研究需要录音机，有的则需要笔记本。不过一般而言，实地研究收集资料时所需要的工具不外乎录音机、摄影机、照相机、记事本等，这些工具应该事先就准备好，不能临时因陋就简。进入实地后因地、因事制宜，使用不同的工具来收集资料。离开研究情境以后，应迅速把所拍、所录的资料予以文字化，对实地研究过程中所发生的事件进行整理，并将记录以不同标题分开，以便日后有更系统的分析。当然，记录的类型也有各种不同的形态，有流水式的描述、有对特别情境的详细说明、有个人的印象和感觉、有各类的附注，这些资料都能帮助研究者唤回被遗忘的记忆。

(五) 整理记录

当各类资料收集完毕以后，整理记录的工作更具挑战性。可根据人物分类，可以事件或以年代顺序来分类，不同的档案分类将影响资料的分析。资料整理过程中、记录中需要留白，以便新资料的加入，对资料有新的理念与发现时也方便加入。

(六) 实地研究的分析策略

实地研究的资料分析策略有二。主要的策略是"寻找模式"，从实地研究时所观察到的一些事件查看是否有重复的模式，看看是否能从这些重复的事件中寻找出“模型”或“典型”。如果能借着实地研究的资料寻找其共同点，建立其模型，那将是很有价值的收获。相反地，不找共同模型而寻找偏差的个案，也是另一种策略。不寻常、不典型或稀少的事件，从研究的角度而言，也颇为重要。

八、实地研究的效度与信度问题

基本上，实地研究适用于探索与描述性研究，但并不是说实地研究完全只用来说明有关的现象与情境而已。假如能将已被证明的实验结果，或把某种理论应用到实地研究的自然情境中，再分析原实验变量间的关系是否在实地研究中存在，则亦可达到因果的解释。实地研究者的观点较为主观，如何与其他研究者相互交换彼此的观点，将有助于提升研究的信度和效度。

（一）内在效度方面

内在效度的主要定义是“研究是否研究到所该研究的”。如青少年问题的研究，应该要以与青少年问题有关的题目来研究；婚姻问题的研究则不能以人际关系的内容来探讨。所以为了增强研究的内在效度，研究者必须注意研究是否受历史事件影响、受访者是否逐渐成熟、测验工具是否准确、是否会发生霍桑效应等问题，当这些问题一一克服后，其内在效度才能维持。因此，若将内在效度定义为研究接近事实，对事实能做正确、合理的诠释时，实地研究的效度不是其他研究方法可比拟的。因为实地研究与具体的事实有直接的接触，其是在研究区域内真正发生的事件，而且尝试捕捉社会脉络的本质，所以实地研究是各类社会研究中最具效度的研究类型。

（二）外在效度方面(概推性问题)

由于实地研究所研究的事件一般都较自然而固定，因此很难把研究结果概推到其他自然存在的相同情境与事件上，所以难免它的外在效度低。若强调外在效度的“自然本质”，研究时要特别注重发生事件时的自然情境，以便可以推论到自然而然所发生的事件中。此时，实地研究的外在效度就高，因为实地研究所观察的事件、情境原本就是自然发生在周遭的事实，所以外推的普遍性程度就很高了。当然，研究时若要把所观察的发现推论到其他情境时，有赖于实地研究者将研究环境中许多类似的社会脉络列出，仔细记录，并且对各种情境有敏锐的分析能力与联结能力，否则很难有概推性。

（三）信度

实地研究的信度比较弱，因为实地研究倾向对某个情境中的某些事件进行分析，其事件最好有其特殊的意义，而不是一些例行的公事或平淡无奇的事情，所以，若第二个实地研究者要复制前面的实地研究者所做的工作、寻找其相同的答案是相当困难的。但若观察研究的重点是受访者的外在显现行为时，则不同观察者间的信度应该不致太困难。

第三节　自然观察法

自然观察法与实地研究法息息相关。自然观察法所强调的是“观察”，实地研究法所注重的却是“实地”。实地研究法需要自然观察法的技巧，自然观察法也需要实地研究法的一些原则。因为重点与切入点的不同，所以接下来将分别对两种研究法进行说明。

一、自然观察法的定义

在自然状况下观察研究对象即是自然观察法(natural observation)。在很多科学与应用科学中，研究者无法触及目标物时，就借着观察的方法得到资料，如天文学。当然，研究者与目标物的距离有长有短。有的观察中研究者与被观察的物近在咫尺，但受访者仍浑然不知，仍然是属于自然观察法，其他科学也有使用观察法者，如对环境的研究等(Baker，1994)。

二、观察法所要克服的主要问题

任何观察都有一些与之有关的问题，研究者不可能收集当时、当地所有有用的事件，研究者只能去选择事实整体的某些部分，但却希望这个部分的观察资料可以给予整个情境真实图像(a true picture of the situation)，为了要达到这个目标，对于要观察哪个样本，该样本的大小应如何，就变成了该观察是否科学的很重要的指标。

三、自然观察法的优点与缺点

自然观察法的优点是可以掌握情境的全盘现象,因为观察者就在情境中,可以注意到情境中特殊的气氛,这个特质绝非其他事后回溯的问卷调查可以比拟的。自然观察法因为观察者就在情境中,能探索正在进行中的行为,自己可以对情境进行判断与分析,不必完全仰赖受访者的资讯。或因与受访者建立了良好的关系,也因此可以得到平日不能直接报道或不便报道的资料。自然观察法的观察者只做观察不做参与,所以比起其他收集资料的方法,较少发生受访者反作用等问题。大体而言,自然观察法观察行为的期间较长,观察行为的技巧也应用得较多,这是其优点。

自然观察法也有其缺点。首先,受访者若太敏感或太害羞时,观察者便无法客观取得资料,尤其所问的问题涉及隐私时、所欲观察的行为不易观察时,正确的资料便很难取得;大体上,自然观察法较难取得被观察者的认可与接受。其次,观察者是否真正客观非常重要,若观察者太自以为是,总是以自己的背景与经验来解释所观察的行为,整个研究便会有偏差。观察研究的最大难题是许多主题不可能直接观察得到(如邻里间的冲突行为观察,很多冲突不会直接外显,我们无法将观察的结果当作真实情境的结论)。

自然观察法对可能影响资料的无关变量无法做有效的控制,这也是研究的一大缺陷。因为一讲“自然”便是不要干预,不干预时便无法预先把不期待的因素排除,所以难免会有自然产生的无奈现象。自然观察法虽然可以观察所需要的行为与现象,但是如何把这些资料量化,也颇有困难,所以分析的精密度会受影响。自然研究法也只能采用小样本的研究,因为样本一大,不但耗时甚多,所费也不少。

四、自然观察法的类别

进行“观察”时所涉及的事项不外乎是问题的本质、步骤的进行、工具的使用、如何记录等。若以观察者的参与程度与观察的结构程度来区分,自然观察法可以分为下列几个类别。

(一)结构式观察

若事先就已决定要观察何物、何事时,可以采用结构式观察。结构式观察的范畴可事先安排，例如做团体动力(group dynamics)的观察研究时，研究者可以事先预定要观察的项目是成员的参与程度、成员间互动的方向、成员间沟通的方法与模式等，而其他的项目研究者大可忽略。结构式观察可以事先详加准备所需的材料，可预备一些特定的符号，可规划观察的工具，以便观察能顺利进行。

所谓观察的信度系指对同一情境作不同观察的相关系数，或指稳定系数(同一观察者在不同时间所做的观察)，及信度系数等(不同的观察者，在不同时间的观察符合度)。若要提高结构式观察的信度，那么，研究者增加观察次数比增加观察者的人数要佳，因为借此可提高稳定系数，若有太多不同的观察者，则额外衍生的问题可能比信度的提高还来得多。然而，同一观察者在不同时间进行观察时要避免观察者疲累，否则还是会产生误差。此外，观察者所可能造成的误差包括内容选择不准确、主观的意识、环境变迁、人事变迁、访者的疲劳等，研究者对这些问题也应加以注意。

(二) 无结构参与的观察

参与能使观察者与被观察者之间产生较高的融合，使观察者能观察到只做局外观察所不能发现的事情。为了达到真正参与，研究者还需学习该地区的语言，了解其民情，建立关系，以便能较无阻碍地得到所要调查的资料。在参与观察时，一般都是无结构的观察，因为既然参与，就要以被观察者的作息流程为主，观察者随着被观察者的情境而适应，所以不能有太严谨的结构。例如我们要做少数民族文化的观察，观察内容不能事先就订得太窄太结构，免得失去我们没注意的特别文化事项；我们也不能只在外围隔山观察、完全不参与，这样看不出文化的精髓。

无结构参与的观察经常都是文化主位的研究，范围相当宽广、相当自然，也颇为生活化，但是参与愈多时，相对的也会愈主观，研究的准确性也会降低。

(三) 无结构非参与的观察

在探索性的研究中则以无结构、非参与的观察为主。因为所要探讨的是一个基本尚未了解清楚、研究者对其主题也无预定假设与前提的研究。反正观察到什么，就记录什么；记录到什么，就分析什么。所以无结构、非参与观察的记录经常较为含糊。

总而言之，观察者与被观察者之间的关系，可以分为四个层次：完全的观察者(complete observer)(无参与,仅观察);参与性的观察者(observer as participant)(略有参与,主要在观察);观察性的参与者(participant as observer)(参与多,略有观察);完全的参与者(complete participant)(完全参与、无观察)。观察与参与是两个重要的考量因素,观察要客观也要冷静,如此一来,观察时就不要涉入太多(意即不要参与太多),但是另类的说法是:若不参与,如何能观察到所应该观察的,若不与之一同作息,贴近受观察的对象,如何谈得上是好的观察?可见,观察到哪种层次与参与到何种地步视研究的主题、重点或受访者的特点而定。

第四节 视觉社会学

视觉社会学(visual sociology)其实是自然观察法与影像科技的综合应用。其发展的背景是:由于纪录片与人类学家对照相机及摄影机的使用,使资料的收集、分析与保存产生了根本的变化。视觉社会学是一种研究社会行动的方法,通过工具(相机、摄影机)去捕捉社会环境及自然环境中人们如何与他人传递社会的信息(Curry & Clarke, 1977)。

视觉社会学中,相片的效力不只是基于它本身的视觉效果,也可以对研究的基本命题加以澄清与印证;相片也可以帮助研究者对社会情境产生新的洞察与观点,而且能提供给研究者直接的参考资料;相片比其他资料更能帮助研究者回归到原始的情境,亦可协助研究者界定情境与事件的前后关系;相片协助研究者缩小了内在概念与外在行为之间的隔阂。科技的进步,已使"视觉思考"成为研究过程中重要的部分(Baker, 1994)。

一、视觉观察法的目的

视觉社会学(视觉观察法)收集视觉资料的目的是借以呈现社会行动的系统现象,设法找寻模式或探讨是否有"典型"排列,借着视觉资料,研究者更可以达到研究文化的目标。视觉资料也可描述行动者和社会环境中的互动关系。视觉题材不要有过多的文字注解,否则会丧失视觉社会学所要传递的信息。

视觉资料中,好的影片记录能整合和捕捉视觉叙述和文字叙述间的关系,将视觉学家所要表达的意向更加明确地表达出来。

二、视觉观察法的原则与方法

视觉社会学的两个主要类型是静态的相片与动态的纪录影片。视觉观察者不仅要学习如何使用相机，更要学习做底片的显影与编辑，和做相片的整合与评论。相片的使用应设法减少错误，否则机会(情境)一失便不可复得。为了避免这些情况，研究时最好能使用数名摄影者，每次拍摄后，应马上适度应用手抄来整理相片。新发明的 APS(advanced photo system)或可减少资料整理上的困难(现今社会照相机与手机比比皆是，甚至具备定位功能，而且都有不错的系统管理，整理上不会太难)，有了视觉资料，最好能将照片与其他资料做比较，可以方便看出视觉资料与情境对照的特质。

在研究的过程中，随机拍摄的不同地区的影片也是分析时的重要参考。为了减少影片题材在分析时可能造成的偏差，可由数人一起分析，一起来研究影片中的种种关系，以增加研究的信度与效度。

三、直接观察的变量测量

对研究者而言，如何做好视觉资料记录是一项重大的考验。因为不同的记录提供不同的资料，不同的记录方式也可能造成不同的资料效果，所以我们必须确实了解所选择的方法是否能提供所需要的资料，因为资料的收集必须符合研究的目标(Polster & Collius, 1988)。

资料是由谁来记录？记录者(观察者)是否受过训练？采用什么方法记录？这些因素都会影响研究的信度与效度。直接观察中常用的记录方法有六种，以下将就各方法的意义、信度及其应用进行讨论。

(一) 等距(区段)记录法(interval recording)

观察者在一段被等分为许多区段的特定时间内，做持续、直接的观察，即为等距记录法。其记录方式只区分是否发生，若“发生”，则在同一区段中不管发生几次均视同一次。若“没有发生”，则指该区段时间中没有出现所欲观察的行为。

等距记录法可以告诉我们有多少个区段至少出现过一次目标行为，但却无法告诉我们到底总共发生了几次目标行为。当然，等距记录法可以同时观察两个目标行为,所以可以利用此法检视两种行为彼此间的关系,以看出这两种行为之间彼此的相关性。此法颇适合用于观察人际互动,如夫妻的口角模式与暴力行为是否相关、父母亲责骂子女是否与子女的反叛行为有关等。

等距记录法可以提供研究者以详细的资料,任何行为形态、发生率有一丝改变,均可被视察到。该方法是绝佳的分析基础,有助于拟订治疗计划,在行为矫治法中常被使用。等距记录法是一种持续、全神贯注的记录法,较适用于发生频率很高的目标行为。

等距记录法的信度是否良好值得我们注意。为了提高其信度,研究者可以通过至少两位独立的观察者同时观察相同目标行为的方式来进行记录,并经由下列公式演算两者之间的相同程度,判断其信度。

$$相同程度=\frac{相同数}{记录总数(相同数+相异数)}\times 100\%$$

等距记录法的使用非常昂贵,因为此法复杂且耗时,需训练有素的记录者方能为之,因为案主无法自行记录。而且,除非所观察的行为很单纯,可清楚描述,且区段很大,否则很难明确采用。然而,由于此法非常严谨、精确,当有特殊目的需要非常详细的资料,且目标行为发生频率亦很频繁时,仍可采用。

(二) 频率记录法(frequency recording)

频率记录法与等距记录法雷同,所不同的是,目标行为每次出现都必须记录。如上午八点至上午十一点间,观察行为出现的频率共五次。用数学的方式来呈现:

$$出现次数(5次)/其间长度(3个小时)=1.7次/时$$

从上例,我们即可声称此行为出现频率为每小时 1.7 次。频率记录法的信度计算同样是通过两位观察者,同时且独立地观察同一行为的记录计算得之,其计算较为粗略,信度亦只是两者“数”的比较而已。

$$相同程度=\frac{甲记录者观察所得次数}{乙记录者观察所得次数}\times 100\%$$

当目标行为的发生数为重要测量关键时,非常适用频率记录法。例如行政者可通过此法来评价有关政策修订的效果,如转介数或单位时间的服务个案数等。频率记录法可由案主自行记录，只要所观察之目标行为有明确的次数，加上行为的界定非常清楚时即可。若由案主自行记录，则此法的费用就很便宜，否则与等距记录法一样昂贵。此法必须在标准化的时空下测量，否则便不具意义。

（三）持续记录法(duration recording)

在一段特定的时间内，直接观察目标行为，而且记录每一次目标行为发生所持续的时间长度。例：

在一小时中，发生了三次，第一次持续 3 分钟，第二次 25 分钟……

持续记录法的信度与前两者相似，亦是通过至少两位独立的观察者，同时观察同一个目标行为，最后比较两者记录的结果。持续记录法的应用颇广，可用于比较工作者对案主处置的前后，目标行为持续的时间是否有所改变。尤其可用于单一个案的研究设计(single-subject designs)之中。此法简易，无须严格的职前训练，案主亦可自行记录。当目标行为很容易被注意到且发生频率不高时，研究者甚至可以在观察期间同时进行别的活动，而无须将时间全花在等待上。此法常用于观察案主的行为反应，如哭了多久、争吵了多久、失业多久、生病多久等目标行为上。此法若以训练过的观察者来记录，其花费同等距记录法一样昂贵，但若利用案主自行记录，则可降低许多花费。

（四）强度记录法(magnitude recording)

此法对每一次目标行为发生的规模大小、程度做记录，把所观察的目标行为区分为一些等级，再根据其发生的次数或严重性来制订。如以"儿童的发怒"为目标行为为例，我们可以把小孩发怒时所产生的行为依其严重程度分为一些等级，如(1) 小孩哭泣低吟，(2) 小孩高声尖叫，(3) 小孩乱掷东西和击打家具(击物)，(4) 小孩攻击别人或以物击人等四级。当然，要制作这些目标行为的等级量表时，必须把各种等级操作化，使其定义清楚，否则观察记录时，一定会有差错。尤其要让案主自行记录时，简洁明确又不太复杂的操作性定义更不可忽略。强度记录法的信度检视可从"数"(number)与"量"(magnitude)两方面的等级(rating)着手，如表 6－1 所示。

表 6-1　强度记录法信度检视示例

甲观察者		乙观察者	
时　间	等　级	时　间	等　级
10：02	3	10：02	3
10：57	2	10：57	3
11：17	3	11：17	3

两观察者时间一致程度＝100％

强度等级一致程度＝2/3(或 67％)

在这个信度的检视表中，有一点值得注意，如果两位观察者观察记录的是同一个行为，那么他们所记录的时间则应该完全相同，如表 6-1，是将次数、时间以及量度等级均列入检视的内容。强度记录法非常适用于有关目标行为之量度、程度、等级等方面的主题，这可能是前几种方法无法得到的资料。但是使用此种记录方法时，使用者需较多的训练，因为观察者不仅要注意目标行为是否发生，也要判断目标行为的等级。目标行为操作化若愈清楚时，训练上就愈简单。若雇用外来的观察员来执行观察的工作，经费上就颇为昂贵，而且观察者必须注意所有的目标行为并判断其等级，因此也很耗时。

(五) 定点查验记录法(spot-check recording)

在一特定的时段内，观察者依特定的区段时间，去观察案主是否有出现目标行为，是为定点查验记录法。在此记录法中，观察者的观察并非持续连贯地进行，而是间断性的，只有在定点的那个时候才观察。定点查验记录法主要计算其发生率，即：有目标行为出现的定点数除以总定点数。若以一天为一时段，则每天都可以有一个每日发生率，取其平均值即可代表被观察对象其目标行为的发生率。

定点查验记录法的信度计算方式与频率记录法完全一样，由于其观察时间只有一会儿，所以两位观察者必须完全一致地观察。除非目标行为很难与其他行为区分，否则观察者仅需少许的训练就能学会如何记录。定点查验可由外来的观察者执行，亦可由原本即属常态环境中一分子的人行之，但案主通常较抗拒外来的观察者；若由外人观察记录时，观察者只对目标行为感兴趣，但对被观察者而言却造成了另一项刺激，因此会造成偏差。除观察者的观察行为外，观察者本身也可能是一项新的刺激。此法简易，案主可以很容易地学会记录，亦可使案主花最短的时间来记录，因而不干扰其正常的活动。因此，此法适合用来评估团体中个人的行为，如幼儿园中儿童的社会行为。此法也很便利于在机构的时间很少的观察者及那些只有很少时间可做记录的人，所以最适合用来记录、测量高频率的目标行为或持续性很长的目标行为，如社会互动、玩耍、工作等。

（六）持久性资料记录法（permanent product recording）

持久性资料记录法是指无法直接观察所能看到的目标行为，但却可从当时的一些持久性资料来做记录的方式。所以持久性记录中所谓“发生”是指观察到记录上的目标行为的资料，而不是观察者亲眼看见的。这类持久性资料，包括服务使用记录、老师的记录，或是活动的成果报告等。持久性资料记录法的信度与前五种记录法相比，此法中的信度是取决于两位独立观察者记录资料的比较，但不需要两者同时进行。一般而言，一份经久的记录是可以无限期地保存下来的，其可作为未来的参考。持久性资料记录法适用于测量以一种永久性格式记录下来的目标行为，因这些行为均已被写成报告，此法便是以调查这些报告来做记录的，而非观察目标行为。此法仰仗一些对环境的改变不断持续记录下来的目标行为，而非观察目标行为的发生。当一些目标行为被记录以后，观察者只是阅读这些记录就得知目标行为确实发生了。

第五节　观 察 者

实地研究法、自然观察法、视觉社会学等都是以观察为主，借着观察进行研究，把从观察而来的资料加以分析。所以观察者便成为研究能否成功的最主要因素。

一、观察者的选择

选择观察者必须考虑以下几个因素：（1）成本花费，各种研究中的人事支出，及其所牵涉的各种费用，都会影响成本；（2）时间长短，包括观察者花费的时间及研究者设计、提供训练的时间；（3）所需资料的种类，不同的研究对同一种情境所探讨的角度不同,所需资料亦有所差异;(4) 实地观察时所带来的"临床"因素,如是否会干扰原始观察者的效果等。当这些因素都经过考虑后,该研究到底需要何种观察者,多少观察者,观察者的任务如何……,这些问题就会逐渐浮现。

二、观察者的来源

观察者基本上有三种来源:(1) 外来观察者;(2) 原始观察者;(3) 案主自己本身。

(一) 外来观察者(outside observers)

外来观察者即某方面的专家或受过训练的一些观察者。外来观察者的优点是他们受过训练且较有经验,能从事较精细的资料记录过程,能从所观察的现象与情境中获得较复杂的资料。外来观察者一般都较为客观、冷静,不会情绪用事,再加上受过训练,所以资料的信度高。但是外来观察者的缺点是太昂贵,而且容易干扰案主的生活。此外,若受访者发现有外来观察者的存在,可能会造成目标行为的改变,而有错误的结果。

(二) 原始观察者(indigenous observers)

原始观察者是原居案主生活情境中的一分子。使用原始观察者的主要考虑因素是其可以轻易地进入观察的情境内,其可在被观察者毫不知觉的状况下进行观察与记录。但是在收集同样资料的情况下,使用原始观察者要比外来观察者反而耗时更多。而且原始观察者通常均有自己的工作,观察记录是否会妨碍他们的工作,是否会增添其额外的负担也要考虑。当必须由案主的家人充当观察者时,到底选择哪一位? 一不小心,很容易恶化原本家庭系统的不安与摩擦。若由家人为观察者,要不让案主知道,颇为不易;然而,一旦被知晓,案主目标行为便很容易改变。另一方面,原始观察者由于未受过训练亦无经验,所以仅能适应以较简单的记录程序来记录较单纯、直接的目标行为,这种情况导致资料的信度较有限。这些都是原始观察者的缺点。

(三) 自我观察者(self observers)

当研究所需的资料是有关案主的主观想法及感受,在担心观察者的行动会干扰、改变案主的目标行为,或目标行为绝对必须排除观察者的情况之下,自我观察就必须实施。但有一些因素必须考虑,因为并不是所有记录法均可由自我观察者所采用，如等距记录法就较难为自我观察者所采用。而且，也须对资料的信度加以关注，因为即使案主很诚实、很合作，依然很难避免干扰，不过有时候我们可以通过其他观察者来辅助证实自我阐述的内容。

三、观察者的信度问题

任何研究都必须重视观察者的信度问题，通过下列方法可确保资料的信度：(1) 清楚界定目标行为，使各观察者都有相同的操作定义可寻；(2) 简化记录程序，不致因为程序太复杂而造成观察者中不必要的误差；(3) 仔细训练观察者，一方面可以使研究更有效度，另一方面也可以使观察者的观察信度提高；(4) 在研究过程中，尽可能经常检验信度，以免造成系统偏误，避免因研究无法临时更改而后悔莫及。

观察者的信度(observer reliability)大致可分为两种：(1) 观察者本身信度(intra-observer reliability)，指一位观察者在一段时间内对许多目标行为做观察记录，同类的行为应有同样的记录；(2) 观察者相互间信度(inter-observer reliability)，此信度的测量在社会工作研究中已被广泛应用，此种信度即是通过两位或两位以上的观察者对同一时间、同一对象所做的记录与测量，考量信度评估是否一致的百分比。

第六节 结　　论

实地研究与观察研究虽然名称不同，但是原则与精神却有很多的雷同，使用上的互通之处更多。在真理的探求过程中，“到实地去好好看一看”不仅是必要，也是重要的。到实地去看必须具备应有的装备与训练，社会工作同仁在实务工作时，除了有同理心、温暖、坦诚等特质以外，也应好好增进观察的技巧。观察一事不仅可作研究的用途，也是辅导个案时的重要参考。

关键名词

自然观察法(natural observation)：在自然状况下观察研究对象即是自然观

察法。

视觉社会学(visual sociology)：是一种研究社会行动的方法，通过工具(相机、摄影机)去捕捉社会环境及自然环境中人们如何与他人传递社会信息。

实地研究(field research)：是以研究者为观察中心，进行资讯收集，用观察、面谈、记录或语言互动等技巧，来收集资料的研究方法。

习 题

1. 何谓实地研究？如何提高实地研究的信度与效度？
2. 何谓自然观察法？试述观察法的特性及其优缺点。
3. 试述参与观察法在社会工作实务方面可能有的功能。
4. 试比较结构性观察法与非结构性观察法的不同之处。
5. 试述观察法的种类。
6. 如何提高观察法的准确性？试叙述之。

第七章 调查研究

摘　要

调查研究法是以抽样的方式，探讨样本的状况与现象，把从样本所得的资料推论到整个样本。在社会工作领域里，它最主要的用途就是能够“探索”“描述”与“解释”。

到实地去进行调查研究并不意味着必须挨家挨户地访问才算数，调查研究有不同的类型，最主要的是访问调查法，其他还有邮寄问卷法、集体问卷法、电话访问法、网络调查法及出口调查法等，各方法各有其不同的优、缺点，我们将在本章中对此详细描述。

不管进行何种方法的研究，最关键的其实就是访员本身，访员是否熟知研究的主旨，是否清楚了解每个题目的用意，其是否在表达上及资料的收集上客观、细心、严谨……这些因素也将影响调查的成败。

第一节　前　　言

平常我们说“研究”时，一定很快会跟“调查”连在一起，一般人总觉得，做研究当然就是去调查。第六章提到研究就要“到实地去观察”，但是到实地去看看时，不一定就可以看到我们所想看到的，例如某些属于意见、态度或价值的东西，不是研究者只用眼睛去观察就可以“看”到的，要“看”出一个人的意见或态度时，必须用“调查”的方法才可得知，去调查就是本章所谓的“调查研究”。

传统的调查研究是以直接向参与者问问题的方式，直接从团体中的个人获取资料。其收集资料的方式，可以通过与受访者面对面地会谈，也可以通过电话会谈或邮寄等方法。一般而言，调查研究法的主题就是了解现象是什么，调查研究以对现象的描述(description)为主。基本上，调查研究不是用来证明一些变量之间的未知关系的，也不是专门用来从事某种活动(action)的，因为调查研究很少包含自变量的操作，也不用检验因果假设。调查研究本来就是以针对现况的统计为主。

调查研究法源起于十九世纪对劳工问题、贫穷问题和社区问题的探讨(Smith, 1990; Bradbum & Sudmen, 1988; Glock, 1967; Rossi, Nright & Anderson, 1983)。研究者先抽样后实地调查，以收集研究所需的资料。主要观点是探讨样本与总体间的同样特征、现象、关系与过程，因为研究了样本等于研究总体。

第二节　调查研究的本质

一、调查研究的内容

调查研究法是以抽样的方式，探讨样本的状况与现象，把从样本所得的资料推论到整个总体。调查研究的内容主要有下列三种：(1) 事实——调查受访者、区域、情境的现象或特质，包括年龄、种族、性别、收入和教育等，这些特质亦即本文所谓的“属性变量”;(2) 意见——调查受访者的喜好、感情或行为意向等,这些意见可以被客观测量;(3) 行为——指受访者的行动,借着对行为的操作性定义,确定某种“活动”或“现象”就是受访者的“行为”。

二、调查研究的用途

原始形态的调查研究本来只是对一些现象的了解而已,但随着研究方法的进步,调查研究的功能日益复杂化,调查研究已是各种研究方法中最方便、使用最频繁的方法。目前,在社会工作领域里,调查研究的主要用途是能够“探索”“描述”与“解释”。

(一) 探索性调查(exploratory survey)

面对所知非常有限的主题所做的调查,如同性恋者的“出柜”行为历程探讨、吸毒者的同侪如何相互影响之探讨,因为事先都知道“有”这回事,但却又不知其真实的状况如何,所以是“探索性”的研究(本来“探索性”大都是质性研究的惯用语言,质性研究就是探索性研究,但广义地说,针对一尚未透彻了解的主题所进行的调查,也可称之为探索性调查)。

(二) 描述性研究(descriptive survey)

重视所要探讨事情的全貌,所重视的是 what,例如某区域居民的受教育程度如何,不同年龄阶层的生理疾病状况如何,每户的平均收入情况等,当我们把这些资料(经常是属性资料)一一调查,并将其统计后的结果一一说明清楚以后,能使读者愈加了解当地的情况,此为描述性的用途,这是量化研究方面的描述研究,此时统计表格的说明便非常重要。在质性研究中也会用到描述性研究,在解释某研究主题之前,先把该研究主题的相关资料做一说明,借着这些资料(profile),让读者了解研究主题的相关背景,这也是质性研究的描述性研究。

(三) 解释性研究(explanatory survey)

若我们不仅要描述某些变量,更欲探讨变量与变量之间的关系时,我们就是在解释那些状况。但是在解释某些情况时,若发现自己无法自圆其说,或说得太牵强(解释力薄弱),某些逻辑矛盾仍需澄清,或是研究者对某些现象有新的见解与看法时,就必须去做实证研究。实证研究与解释性研究之间的差别,主要在于掌控变量的强或弱。当研究者一开始就没有打算“掌控”这些变量去做特殊的用途,研究者只是在这些可叙述的变量中,试图解释所要探讨的问题,这是解释性研究。而当研究者设法去证实某些假设，重新说明两个变量之间的新的关系时，此为实证性研究。当然，实证研究可以当作广义的解释性研究，毕竟实证过的研究解释力必然会比较强。

第三节　调查研究的类型

到实地去进行调查研究并不意味着必须挨家挨户地访问，调查研究有不同的类型，最主要的是访问调查法，其他还有邮寄问卷法、集体问卷法以及电话访问法等(Baker，1994)。

一、访问调查

访问员依据访谈大纲(或设计过的问卷)，对受访者面对面的、以口语的方式，去收集问卷上所欲收集的资料，即为访问调查。相较于其他的调查方法，访问调查的回答率较高、访问的品质也较好，因为该方法能使调查者可以较深入地探索受访者的意见和行为，借着较好的访谈技巧可以收集较深入的资料。但是访问调查的成败关键就是“调查者与受访者之间的关系是否能顺利建立”，若关系能建立，“见面三分情”“知无不言，言无不尽”，当然最佳。万一关系不良，则访问调查就无法进行了(试想，当研究者与受访者之间的互信关系都未能建立时，如何能做好意见或态度的调查)。访问调查一般均必须按照样本的名单挨家挨户地访问，这些名单都是依标准的随机抽样过程所列出的受访者，不能随意取代，所以访问调查最大的缺点是成本太高，所费不少。

(一) 访问调查前的准备

要做好访问调查，必须事先做好准备，最好把访问行程计划表拟妥(preparing the interview schedule)，此计划表包括以下六个方面。(1) 事先的说明与训练：尤其是访问员不止一位时，一定要有很好的讲习与训练过程，否则整个调查会有很多的误差。训练或讲习时应把如何做记录、受访者基本资料如何填写、遇到状况又如何处理等问题在事先说明。(2) 访员表达态度与文字内容的标准化：例如如何以礼貌的态度避免被受访者排斥，或如何向受访者表达清楚，使受访者知道调查者的用意。(3) 避免太多的开放性问题：封闭式的问题在调查时比较容易，访员的调查结果也不会因此有太多个人偏见或差异，但若开放性的问题太多，一定会造成资料整理的困难。(4) 注意社会禁忌：不要批判受访者的某些特殊行为，题目中也应避免太多牵涉个人隐私方面的问题，否则就是有了答案，也不见得正确。(5) 文字表达要合适：尤其要考虑到受访者的了解程度，另外对该地区的特殊文化也不可忽略，免得在无意中犯错而使调查产生偏差。(6) 不妨对题目的安排加以设计，设法使受访者觉得有趣，访问调查当然就比较容易进行。

(二) 使访问调查成功的原则

访问调查不是光凭爱心与热心就够，要使访问调查成功，Downs(1994)提出一些原则，颇值得借鉴。(1) 社会联结原则：不妨让受访者知道他的邻居与朋友也有参与，以减低受访者的不安与焦虑。(2) 鼓励原则：调查者也应不断地鼓励受访者，并表示他的说法很有见地，使一些教育水平较低或是缺乏自信心的人有更大的勇气去回答调查者所问的一些问题。(3) 参与原则：最诚恳的方法是使受访者知道研究本身的重要性，使他觉得虽然受访时花了不少时间，但是却是在参与一件很有意义的事。(4) 诚实原则：诚实地说出访问员自己的意图也是一种方法，例如一个在做硕士论文的学生，向受访者坦白说明该次的访问攸关他的论文与毕业，一些受访者可能会勉为其难地答应接受访问。

访问过程中，调查者应使问卷中的每一个问题可以适用到各式各样的受访者身上。但是这种过程会有一些困难，因为问题固然可以标准化，但是受访者的反应却容易状况百出，所以访问者必须掌握双向沟通的原则与技巧，使受访者容易回答，但却不左右受访者的反应，以免失去调查的意义与功能。当访问碰到困难时，调查者应坚持问卷的有关题目与论点都必须调查(否则整个问卷必须作废)，但在这种坚持中，他必须保持中立，不要随便就被任何言论惊吓，不要怕被一些较不成熟的受访者嘲笑。

(三) Converse也指出了使访问调查成功的一些原则

1. 倾听的原则

一般人都喜欢向好的听众发表意见或看法，所以会倾听的人自然可以得到较多的信息，故调查时研究者不要急着问，应注意倾听。

2. 贴切的原则

当所调查的问题若是较倾向个人的经验、行为、态度或事业和家庭时，此时会比较好问，受访者也比较容易回答，因为这类题目不深，不见得有是非对错，而且每个人或多或少都有经验，多少都可以回答。反之，若所调查的问题是当事者压根不很清楚的概念，与他的生活经验也没有任何的关联，若当事者的教育程度不高时，叫他如何回复？因此在进行问题设计时应注意贴切的原则。

3. 体谅的原则

访问要成功，调查员本身也应有自知之明，千万不要让受访者有太大的牺牲，或有太大的花费(除了时间以外)，毕竟一个愿意接受访问的人是值得感激的，因为向一个陌生人"交代"一些感触与意见也需要一些勇敢与助人的热诚，道义上我们不能让其牺牲太多。

4. 智识增长的原则

访问员在访问时，若可以因着问卷的内涵，而使受访者对某一事情或现象有新的了解或收获时，这种访问当然会更受欢迎。

（四）如何成为一个好的访问员

一个研究是否可以顺利进行，研究者的整个规划固然是最基本的因素，但是再好的规划仍然需要访问员的配合，否则还是会功亏一篑。如何才能成为一个好的访问员，以下因素值得考量。

1. 仪表

访问员应衣着整齐清洁、穿着得体等。若是访员染绿色的头发，手臂上有刺青，叼着烟，骑着摩托车，逐家挨户地去访问，一定会使受访者望而却步，逃都来不及，如何能接受访问？

2. 访员的访问态度要诚恳

访员不是警察在办案，也不是如同间谍般在收集情报，因此在涉及受访者的意见或隐私时，访员一定要相当留心，避免有不必要的误会与阻碍。受访者既然都是没有报酬的志愿者，那么在访问的过程中，使受访者觉得愉快、觉得值得、觉得跟你对谈是一件快乐的事情便是访员的责任，否则人家凭什么要花时间来帮助你？

3. 访员需彻底了解研究主旨及访问的问题

访员要对访问的题目完全掌握，彻底明白访问的背景(context)、原则与目标，知道为何要问那种问题。访员不同于推销员，推销员的重点是把东西推销出去,访问则是科学地收集事实与真相的过程,所以除了对题目的了解与掌握,访员更必须遵守问卷内的意思,并且准确地依据题目来问,千万不要自己添油加醋,自作主张,找一些与原问卷不相干的主题来发问。

4. 记录务必正确

按着题意来访问受访者后,记录时也需忠实,量化研究较多是勾选题,难度不高;在质性研究中,受访者的意见或态度没有类别化的题目来探讨时,如何忠实地记录是很大的考验,但不管多难,正确记录的原则一定要遵守。

5. 有完成任务的决心,不轻言放弃

访问员应该了解访问常常会在一个不太好的环境中进行(如小孩子吵闹、受访者临时有事等),此时会致使访问过程发生诸多不顺,访问员应有完成使命的毅力,千万不要轻易地就产生挫折感。

6. 充分的演练

访问调查在事先就要练习、预演,不妨用角色扮演的方法,把访问员分组,一个扮演访问员,一个扮演受访者,另一个做观察,每演练一次就互相讨论,检讨优缺点各为何,然后再更换角色,直到每个访问员都能清楚、熟练地把访问做好为止。

7. 随时反映问题,随时讨论问题,随时克服问题

现实社会比任何课堂的任何教导更复杂,实地调查时,各类型的受访者都有,访问员要减少特殊个人所可能产生的影响,万一碰到困难时,也能冷静地面对问题,不慌乱,与研究计划者进行讨论,使访问工作能水到渠成。

8. 务必诚实,切忌做假

访员一个人在外调查,若是心术不正,偷鸡摸狗;或不去实地访问而是坐在咖啡厅做调查……自己的人格流失不说,整个调查研究必然产生严重的误差。因此某些较严谨的研究应设有督察机制,不仅检查问卷的记录,还适时抽点,与受访者电话联系,以免因为一两个人的作假而误了整体的研究。

9. 其他

其他的重要技巧,例如如何与不喜欢谈话的人做好约谈?如何使中断的话题得以延续?如何从受访者口中获得鲜为人知、怕被人知的资料?如何使受访者觉得受尊重,有安全感……这些项目当然都是访问调查时的重要挑战。

二、邮寄问卷(mailing questionnaire)

(一)邮寄问卷的优缺点

不必由访问员按照名单挨家挨户地去调查，只是把问卷邮寄给受访者，再请他们把问卷寄回来；若是这些资料都很准确的话，邮寄问卷必然会成为研究者的最爱，因为邮寄问卷法具有省时、省钱，能保有受访者隐私等优点。随着社会的变迁，我们可以预见，访问调查将会被愈来愈多的邮寄问卷或网络问卷所取代。

邮寄问卷的缺点也不少。

1. 回收率低

邮寄问卷的回收率相当令人担忧，经常只有不到一半的受访者会回复，若时机不对或问题不妥，可能连百分之二十都有困难。若是把受访者为何回复问卷或不回复问卷的心理社会因素加以考量，研究者必须注意：某些研究受访者人格形态相关主题的调查，是不能用邮寄问卷来处理的，因为回复问卷的人必然是属于某种人格形态的人。若硬把回收的问卷拿来分析研究，结果必然偏差。

2. 受访者的程度无从得知

是否了解题意？或者根本是乱回答？因此当受访者对题目不甚明了或产生误会时，经常不能完成问卷，就算勉强完成其问卷，结果也是错误百出。此时对问卷的指示和说明显得尤为重要。

3. 是否由其本人填写也无从了解

说不定是家人代劳，反正研究者也不在身旁，怎么回答都可以。邮寄问卷法到底存在多少问题我们不得而知，就算知道可能有这些问题，也无可奈何。

一般在进行邮寄问卷调查时，必须及早克服或事先预防这些问题的产生，所以邮寄问卷内的题目叙述很重要，对文字必须慎重考虑，务必确定受访者清楚文字的意思。题序的安排也要注意，避免受访者写到一半就放弃。邮寄访问当然最好附有回邮的信封，或告知受访者，当研究完成后，受访者将可获得调查研究的结果当作回馈，以增进问卷的回收率。具体的方法如下。

(二)如何提高邮寄问卷的回收率

邮寄问卷时，最担心的事就是回收率的问题。为了提高回收率，不妨注意一些细节。

1. **问卷的外观(appearance of the questionnaire)**

一般而言,看起来字多且拥挤的问卷较不吸引人,字应打得正确、整齐且有空间感;字可分成几个段落,或用不同颜色印出,以显现其不同程度的重要性。

2. **对填写者有所说明**

如在附信中做简单的解释,使填写者明白填写的背景。问卷文字中不要有太多的专有名词,以免影响回收率。设法让问卷中的题目显得贴切,不要太理论、太抽象,以增加受访者回答的兴趣。例如问受访者自己社区中最严重的问题是什么,学生如何得到资源以完成学业,父母管教的态度及其观点等都会使相关的受访者较有意愿回答。

3. **激起受访者的共鸣**

研究若能得到受访者的共鸣就是成功的一半,不过,这要看调查内容的本质而定,若是调查的主题与受访者的价值观、问题观息息相关,则得其共鸣的机会就提高,否则我们只能请他们尽其所能,尽量帮助我们而已。

4. **最好得到一些单位的赞助**

受访者若对调查的单位存有戒心,研究的过程会增添一些不必要的麻烦,若研究者得到一些组织和机构等的赞助,可在附信中指出,说明受这些机构赞助的理由,以便得到受访者更多的信心。万一没有任何机构赞助,则设法得到学校公文的支持,访问政府机构时便不会受到阻挠。要不然,由指导教授具名推荐,也是一途。

5. **给予参与者诱因**

给参与者诱因也是增加回收率的有效方法。不妨在问卷中注明研究的目的,告知受访者若想要进一步了解研究的结果,可以如何联络,以方便受访者得到资料,如此受访者的支持度就可以提高。经费若足够的话,用礼物为诱因未尝不可,因为填写者一旦收了礼物,其填写的可能性将大大增加。

6. **一定要强调匿名和保密**

研究者有时对填写者是否能完成问卷没有把握,因此多数不会采用完全匿名的方式,而会用编码方式留个记号,万一再追踪时,有原先的资料或名册可循。问卷若是小组性的研究,或持续地对同样的组员做研究(panel study),则有必要知道每份问卷是由谁填写。根据经验,一般填写者并不担心保密问题,但若还需要他签名时,却会有所顾忌,所以应尽量避免。此为经验之谈。

7. **好好设计回寄的形式**

通常回寄信封上会有地址和邮票，可以用广告回函的方式邮寄，有寄回的才算邮资，费用上较为节省。至于问卷如何折叠、如何减少纸张、减少邮费等问题，也值得我们细思。

8. **注意邮寄程序**

问卷寄交的方式和时间会影响回收，最好不要接近假日，尤其是长假前后，若访问的对象是老师和学生，则最好不要在学期刚开始或快要结束时进行问卷研究（学期刚开始时大家兵荒马乱，学期快结束时大家则又焦头烂额），否则一定会流失很多问卷。

9. **追踪**

若是受访者未寄回问卷，研究者可用电话催收，此为第一次的追踪。通常，第二次的追踪是在两三个星期以后，可用明信片解释研究的目的，但不附寄问卷。而第三次的追踪除寄附信以外，也再附上问卷，一个月到六个星期之后，可用电话提醒。如此一来，一些回复动机不强的、问卷业已丢失的，或不把回复当一回事的，经过催收后，或有不少会因此回复，但若有一两个月都不回复的，大概希望不大了。

三、集体填表

把样本全部集中在一起，集体予以施测的方法为集体填表法。这种方法因为是集体样本，可以当场分发问卷，不仅省时、省钱，而且回收率又高、受访者又确实是其本人。因集体填表法优点较多，可以说是最理想的调查方法。研究生因为本身经济能力有限，又有毕业的时间压力，若能采用此法，当是最为理想。然而，一些问题必须予以注意。（1）并不是每一种研究都可以使用集体填表法：集体填表法的内容与个别当面访谈法的内容有所不同，从访问的深度上、答案填写细致的程度上，集体填表法无法与个别式的访问调查法相比。所以研究者所进行的研究主题若是需对受访者进行细致敏感的问题访问时，集体问卷并不恰当。（2）必须借助行政系统的配合：集体填表法的样本集合不易，场地配合上也有困难，除非借助行政系统的配合等，否则无法进行，通常适合采用集体填表法的场合是学校团体、公私立福利机构等。当研究者借着行政系统，并动员受访者全部到齐予以施测时，若太过强势或是要求太多、打乱受访者正常作息而招致反感时,整个调查效果一定会产生偏差。(3) 集体填表法的受访者可事先看到全部问卷,对某些主题的研究也不甚妥当,这种状况下题序的安排就很重要。不管如何,若有适当渠道,能用集体填表来收集样本而又不致影响研究品质时,对研究者而言可以说是最经济的方法。

四、电话调查

(一) 电话调查的优缺点

不用问卷,不当面访问受访者,只用电话作为访谈的工具,是为电话调查法。电话调查法省时、省钱、回答率高、效率也不错,是工商社会中最常被使用的调查方法。但是电话调查法也有不少缺点。(1) 题数不能太多:电话调查所问的问题不能太多(一般都不超过十一二题),能在极短的时间内完成访问为佳。(2) 题意不能太深:所问的问题不能太深入,否则受访者无从回答。(3) 受访者的反应很难控制:电话接通时受访者在做什么事会影响回答的品质,受访者接受电话访问时的状况无从得知,也无从控制,这些都是电话调查的缺点。(4) 可借用电子科技进行"过滤"。由于电子科技的进步,很多家庭的电话或手机都已装设来电过滤的功能,电子辨识的技术高度普及时,电话调查未来面临的问题势必会更大。克林顿任职时期在白宫负责民调事务的 Greenberg 指出:"在全国各地实地查访和以电话采访,所得结果一定会有出入。"共和党资深民调专家艾瑞斯于 2002 年时亦道:"我不认为二十年后电话还会被用来作为收集资料的主要工具。电话这一民调工具将逐渐被网络取代。"当然,也有人乐观地认为这种问题可以借着延长查访时间或扩大查访群众来弥补。

(二) 电话调查应注意的事项

1. 首先要考虑受访者家中有电话的比率,否则抽样会造成系统偏差(若调查的事项与经济有关时,家中无电话者便无法成为研究的样本)。

2. 访谈的时间不要超过十五分钟,以防受访者疲惫,或耽误其正事。

3. 电话访问时的人际关系因素必须克服:人际"见面三分情",但是电话调查无法像访问调查方法一样,借急速建立的访谈关系克服调查时所可能发生的障碍。

4. 电话访谈不适宜问太长或太深入的问题:受访者在很短的时间内与一个素昧平生的人坦白相关问题已经很不简单,若问题既艰深又敏锐,很少有人会很有耐性地据实以报的。

5. 提防受访者突然间的动作，如切断电话或有别人干扰，或当时正有其他要事必须进行处理等。

6. 设法确定接听电话的人是否为研究所需要的样本，否则问了老半天，问卷都几乎完成了才发现那个人不是我们的样本，那就糗大了。

五、网络调查（web survey）

科技的进步日新月异，1983 年，有人曾预测未来大部分的会谈将由电脑 CATI（computer assisted telephone interview，电脑作业电话会谈）所替代：由电脑将问题提出，且将受访者的答案直接记录在电脑档案内。访问者只需把资料与电话号码输入电脑，就可以让受访者坐在自己家中的电脑前接受访问。电话一接通，访问者就读屏幕上的问题，把答案马上输入电脑，这种方式所引用的概念由 network computer 而来。而现在，所谓的电脑作业电话会谈早已被网络调查所取代。从调查的角度来看，电脑的统计与分析当然厉害，因此更灵巧更普遍的应该是网络调查。

六、出口调查（exit survey）

四年一次的美国总统大选时，民意调查满天飞，让人眼花缭乱，但令人较为好奇的是某传媒所执意要做的出口民调。所谓“出口”意即各个投票所的出口，所以“出口民调”事实上就是在投票日当天，民调人员抽样选择一些投票所，当选民投完票从该投票所出来时，民调人员马上访问借系统随机抽样所选择的投票人，问其投票对象为何，投票时间一结束，民调总部马上在样本中快速统计，抢先发布选举结果，此即出口民调。然而有时出口民调无法适时公布结果，主要原因是很多人质疑出口民调是否会造成社会不安。

第四节　调查研究的步骤

调查研究是一种科学，借着研究可以在有限的资源与人力中探讨问题的真相。调查研究的进行大体都按如下步骤。

一、调查研究的步骤

(一) 设计与澄清研究的目的与主题

确定了目的与主题后,我们才能决定是否用调查研究的方法才最为有效,才能检视是否有其他较适合的研究方法。考虑再三以后,才能进行调查研究。毕竟每一种研究法都有其特色,有优点必然也会有缺点,确定要采用调查研究时,总得再花一些时间细思,直到肯定用调查研究法最为妥当时,才再继续进行。

(二) 确定总体范围

调查研究是靠研究的样本来推敲总体的状况,在确定样本之前,当然要确定总体的范围,了解其特性。当总体的异质性较大时,所抽样本要多,这样才能使不同的样本都包含在研究内。反之,若总体的同质性高,则所抽的样本可酌量减少。总体有时是很难确定的,例如研究初中生的性观念、性态度与性行为时,总体是什么?若说是全国的初中生,那抽样时,如何着手进行?每个步骤都按部就班来做抽样时,一个硕博班的学生的能力做得到吗?所以经验上大概都会用“以某某区为例”来处理。

(三) 抽样

抽样方法依研究目的而异。一般以随机抽样最能控制干扰因素,样本一旦具有代表性,所得到的答案就可以反映总体。

(四) 问卷设计

问卷设计的用途是要让所研究的自变量或因变量能融入问卷里。也要考虑到问卷题数的质与量是否能表现出该变量的特质。问卷题目的次序也必须讲究,随着样本的不同特质与程度,问题的次序也需做调整,而且还要强调整个调查的绝对保密,以免使受访者有不必要的顾忌。

(五) 试查

问卷设计是好是坏,最客观的评估者就是受访者本身,所以问卷设计好以后,一定要使问卷经过试查(pilot study),方可探出问卷是否妥当。也可预估每个问卷的时间与费用之花费,并借试查使访问者有访问的经验。试查不是前测(pre-test),试查是设法改进问卷表的一种方法,试查以后,可以计算每个题目的效度,并在正式调查前淘汰不良题目。前测则是实验方法中,要计算处遇的效果时，在还没进行实验之前就对受访者予以测量，待处遇实施以后，再作后测（post-test），如此，比较前后测之间的差距，就可以看出处遇的功能到底如何。

（六）决定用何种方法收集资料

是访问调查、电话调查、邮寄问卷，还是集体施测？这种选择关系着研究的成果与品质，不可大意。

（七）访员的挑选与训练

训练督导是调查行政体系中极其重要的一环，若访员的素质高，讲习的效果好时，可以使整个研究进行得极其顺畅。

（八）实地调查并收集资料

这些是调查的行政作业，此时调查人员的调配、突发事件的解决、资料的保管、后勤作业补给，以及调查的安全维护等，都是重点。

（九）整理分析

审查资料是否确实可用，或是必须放弃；编码是否明确一致，针对不同的变量特质应采用何种统计分析；图表制作的细节应如何考虑……这些都需研究者尽心去做。

二、调查的艺术与科学

（一）调查的艺术本质

调查是一门艺术，也是一种创造。因为研究者想尽办法要获得所想要得到的资料，但资料获得的过程中，研究者必须使受访者不想抗拒、不便抗拒，并且也能心甘情愿、充分配合地去回答，但要解决这些难题已不是易事。在调查的问卷设计中，若要用精准的文字不含糊地表达调查者所要测量的概念，更需要调查者具备相当扎实的技能与实力。加上研究者必须使问卷能测量到所应该测量的，使研究概念正确地转化成为可操作、可测量的变量与题目，而且问卷本身还要考虑到访员本身的风格与问卷本身的特质……因此这些都是艺术，都是创造。

换言之，好的问卷设计能显示出调查者的诚意；清楚的题意表达和适当的措辞也能减少受访者的排斥感，使受访者愿意去做，而且也能避免得罪受访者；在问卷的访问过程中，也要注意不要影响受访者的意见……要把以上这些问题一一克服，必须具有相当的艺术性。

(二)调查的科学本质

探讨事情真相基本上是一种科学的求真过程,调查是一种工具(instrumentation),它能扩展研究者的感官体系。当研究者做实地观察时,他的基本工具是自己的眼睛和耳朵。而当研究者应用调查的方法、技巧与工具时(如使用问卷或会谈的技巧),等于扩展了他的感官,使他能看得更多、更清楚、更有系统。观察可以使研究者获得所“看”到的资料,问卷调查却可以使研究者“听”到肉眼所看不到的资料。观察与问卷所得的资料基本上不尽相同,例如某个团体成员的“对话的距离”,我们可以借观察而得知,但是若要探讨某些人的“人际偏好”,就非得借一些经过妥善规划设计的问卷来处理不可。

很多人不免会怀疑问卷的科学程度到底高不高。问卷通常较集中于某个焦点,所以显得较有主题,也比较有计划性,这种特质符合科学精神。但是问卷万一设计不良时,当然会产生更多的误导。设计问卷题目时,因为要把概念操作化,所以整个调查看起来仿佛是建立在诸多的实例上,这种过程并不损及问卷的科学特质。因此,研究者必须观念清楚,更要细心地规划问卷,以使问卷的信度可以提高。

问卷是确定研究过程中的“假设”能否得以验证的主要工具,借以反映一群人的动作、思想、观念、态度,并借此确定种种变量之间的关系。问卷调查比独自观察还需要更好的事前准备。调查的分析倚赖变量与变量之间的因素与关系来设法算出处遇以后所发生的种种改变,并且必须用科学和逻辑加以整理、分析与推论,所以具有科学性。

第五节　结　　论

调查研究是一般人心目中最标准的研究方式,因为它最普遍,被认为最理所当然,也因此最容易被一般人所误解,以为调查研究最简单、最容易进行。殊不知,调查研究所隐藏的问题也最多,要把调查研究做得尽善、完美,相当不容易。但是,调查研究却是研究的基本格式,调查研究若能按部就班,用严谨的态度去进行,用正规的技巧去分析,然后把研究发现有系统地呈现时,这是既科学又艺术的伟大工程,社工同仁应该好好地去了解它、应用它,若到熟练的地步,社会工作专业必然能做出更多、更好的贡献。

关键名词

探索性研究(exploratory research)：此类研究的目的，系为探讨一个现象的可能情况，以作为进一步研究的基础与参考基模。

描述性研究(descriptive research)：此类研究之目的，系借统计量来描述某一现象的各种现状特色。

解释性研究(explanatory research)：此类研究之目的，系为解释变量之间关联性的情形。

试测(pilot study)：系指研究者在正式研究实施之前所进行的小规模预备研究，其主要目的在于考验研究设计内容、测量技术及过程是否可行、妥当与有效，以作为正式研究执行前修订的参考依据。

调查研究(survey research)：研究者采用问卷、访问或观察等技术，从总体成员中，收集所需之资料，以对现况加以描述。

习　题

1. 试述调查研究的意义与特征及其功能。
2. 试述问卷试测的意义和功能，其设计时应注意哪些重要因素？
3. 调查研究法在收集资料时，可采用的方法主要有几种？请说明这些方法的目的及其优缺点？
4. 影响问卷回收率的因素有哪些？
5. 试述提高问卷回收率的方法。
6. 如何提高问卷调查的信度与效度？试述之。